PRICE 价格评估专业人员资格认证培训系列教材

森林资源资产概论

张德刚／主编

中国市场出版社
China Market Press

图书在版编目（CIP）数据

森林资源资产概论/张德刚主编．—北京：中国市场出版社，2013.1

ISBN 978－7－5092－0965－3

Ⅰ．①森…　Ⅱ．①张…　Ⅲ．①森林资源—资产评估—资格认证—自学参考资料　Ⅳ．①F307.26

中国版本图书馆CIP数据核字（2012）第250618号

书　　名：森林资源资产概论
主　　编：张德刚
出版发行：中国市场出版社
地　　址：北京市西城区月坛北小街2号院3号楼（100837）
电　　话：编辑部（010）68034190　　读者服务部（010）68022950
发行部（010）68021338　68020340　68053489
68024335　68033577　68033539
经　　销：新华书店
印　　刷：高碑店市鑫宏源印刷包装有限责任公司
规　　格：720×1020毫米　1/16　17.5印张　210千字
版　　本：2013年1月第1版
印　　次：2013年1月第1次印刷
书　　号：ISBN 978－7－5092－0965－3
定　　价：48.00元

价格评估专业人员资格认证培训
系列教材编审委员会

《森林资源资产概论》编委会

主　　编：张德刚

执行主编：张　杰

副 主 编：白世秀　刘元直　赵全义

参编人员：史芳芳　张秋虹

前　　言

随着经济体制改革的深化和社会主义市场经济的发展，价格评估行业逐步建立并迅速成长。为了加强价格评估机构资质管理和价格评估人员执业资格管理，规范价格评估机构资质认定行为，规范价格评估人员执业资格认定行为，保障和监督价格评估机构和价格评估人员依法执业，促进价格评估机构逐步建立自律性运行机制，根据《中华人民共和国价格法》、《中华人民共和国行政许可法》和《国务院对确需保留的行政审批项目设立行政许可的决定》，国家发展和改革委员会于2005年发布了《价格评估机构资质认定管理办法》（国家发展改革委令第32号）和《价格评估人员认定管理办法》（国家发展改革委令第33号）。通过开展“双认定”工作，价格评估行业在规范中健康发展，正日益成为一支推动国民经济快速增长的重要力量。

近年来，适应不断发展变化的市场需要，价格评估领域不断拓展，特定领域价格评估市场不断扩大。这既为价格评估行业的发展提供了良好发展机遇，也对价格评估人员素质提高提出了更高要求。因而，培养高层次、跨学科、跨行业复合型人才，成为价格评估行业面临的一项非常紧迫的任务。为了适应形势需要，国家发展和改革委员会价格认证中心印发了《价格评估专业人员资格认证暂行办法》（发改价证审〔2012〕55号），对价格评估专业人员进行资格认证管理。

为了做好价格评估专业人员资格认证工作，国家发展和改革委员会价格认证中心与全国部分省区市价格认证机构、有关行业部门、大专院校、评估机构、相关企业和知名专家学者，共同编写了价格评估专业人员资格认证培训系列教材。首批教材包括5个专业：森林资源资产价格评估、船舶价格评估、海洋资源资产价格评估、二手车和车损价格评估、书画艺术品价格评估。每个专业有6本教材，其中《经济学与价格学基础》、《价格评估学概论》为通用教材，各专业教材包括专业概论、理论与实务、法律法规政策选编、价格评估案例选编。每个专业配均有培训考试大纲。

本套教材力求充分吸收价格评估理论研究的最新成果，全面反映价格评估实践的发展脉络，并将根据价格评估市场的细分变化不断做出丰富和完善。

在教材编写过程中，我们得到了各级价格认证机构、有关行业部门、大专院校、评估机构、相关企业的大力支持，在此，谨表示衷心的感谢！

由于时间紧任务重，同时受制于编者的能力水平，本套教材难免有不足之处，敬请广大读者批评指正。

价格评估专业人员资格认证培训

系列教材编审委员会

2012年11月

目　录

第一章　森林资源资产概述

第一节　森林资源

一、资源及其分类

资源是生产资料与生活资料的天然来源，是人类社会生存发展的物质基础。丰富的资源是产业发达的基础。

自然资源是自然物质的客观存在，其分布与数量不以人的意志为转移，取决于自然规律。为了认识、管理、利用各种自然资源，人们根据不同的标准，可把资源分成若干种类：

（1）按自然资源数量多少，可分为无限资源与有限资源。如阳光、空气为无限资源；水、矿物为有限资源。

（2）按自然资源在开发过程中能否再生，可分为再生性资源与非再生性资源。如森林、草原属再生性资源；煤、石油是非再生性资源。

（3）按资源的存在与发展中是否有生命运动，可分为生物资源与非生物资源。如动物、植物属于生物资源；岩石、矿物属于非生物资源。

二、森林资源

森林是一个以林木为主体的生物生态系统，是以乔木为主体的，具有一定面积和密度的植物群落，这个群落中的所有生物，彼此互相影响，并且在一定程度上影响周围的环境；而这个群落的全体又受环境的支配和影响。人工林是投入了人的劳动的自然资源。人工林与天然林在资源属性上没有本质的区别，根本区别在于资源发生的初始阶段人力投入的多少。

森林资源是地球上最重要的陆地资源之一，是林地及其所生长的森林有机体的总称。是以林地资源为依托，以多年生木本植物为主体，包括以森林环境为生存条件的林内动物、植物、微生物等在内的生物集群和林地。森林资源具有一定的生物结构和地段类型，并形成特殊的生态环境。在进行科学管理和合理经营的条件下，森林资源可以不断地向社会提供物质产品、非物质产品和环境服务，因此，它具有经济效益、生态效益和社会效益。

森林资源是自然资源的一种，是一个森林经营学的概念。是具有再生性的生物资源，其主体是林内植物与动物，主要成分是林内植物中的林木。森林可以更新，属于再生的自然资源，也是一种无形的环境资源和潜在的“绿色能源”。反映森林资源数量的主要指标是森林面积和森林蓄积量。

（一）森林资源的特点

森林资源除具有一般资产的特点（获利性、占有性、变现性、可比性）外，还具有以下特点：

（1）经营的永续性。森林资源资产属于可再生的资源性资产，森林资源资产消耗可以通过合理的经营，根据森林生长有规律和再生能力的特点，采用科学的森林经营利用措施而得以补偿。因而森林资源资产在没有受到自然灾害和人为破坏时，在科学、合理的经营下，其森林资源的总量保持不变，或略有增长，可以长期永续地达到其保值增值的目的。

（2）再生的长周期性。根据森林生长的规律，它的产品要有很长的时间后才能利用，投入某一森林资产经营的资金，少则数年，多则数十年、上百年才能收回投资。

（3）分布的广域性。由于分布的广阔，使某一地域的森林资产与另一地域的森林资源资产在结构内涵与功效发挥上都有不可比之处，各具特色。

（4）功能的多样性。森林资源资产结构复杂，形态各异，决定了它功能的多样性。通常自动外溢、共享，受益者无须付费，即可得益。

（5）管理的艰巨性。森林资源资产漫山遍野地定位在广阔的林地上，既不能仓储，又难以封闭，使其安全保卫也十分困难。火灾、虫灾、盗伐等人为或自然的灾害很难控制，就是说，森林资源资产容易流失，增加了风险损失的可能性。森林资源资产的经营必须引入保险机制，才能使其适应社会主义市场经济的发展。

（二）森林资源的分类

森林资源按其物质形态可以分为森林林地资源、森林生物资源和森林环境资源。

1. 森林林地资源

森林林地资源是指用于林业生态建设和生产经营的土地和热带或亚热带潮间带的红树林地，包括郁闭度 0.2 以上的乔木林以及竹林地、灌木林地、疏林地、采伐和火烧迹地、未成林造林地、苗圃地、森林经营单位辅助生产用地和县级以上人民政府规划的宜林地。

林地分为两级。其中一级分为 8 类，包括有林地、疏林地、灌木林地、未成林造地、苗圃地、无立木林地、宜林地、辅助生产林地。有林地、灌木林地、未成林造林地、无立木林地、宜林地 5 个一级地类共分为 13 个二级地类。

按照森林分类经营，根据主导功能不同，将森林资源分为生态公益林地和商品林地两大类别。

商品林地是指以生产木材、竹材、薪材、干鲜果品和其他工业原料等为主要经营目的的森林、林木、林地，包括用材林地、薪炭林地和经济林地。

公益林地是指以保护和改善生存环境，维持生态平衡，保存物种资源、科学实验、森林旅游、国土保安等需要为主要经营目的森林、林木、林地，包括防护林地和特种用途林地。

生态公益林地按事权等级划分为国家级公益林地和地方级公益林地。

国家级公益林地是指生态区位极为重要或生态状况极为脆弱，对国土生态安全、生物多样性保护和经济社会可持续发展具有重要作用，以发挥森木生态和社会服务功能为主要经营目的的重点防护林地和特种用途林地。

地方级公益林地指由各级地方人民政府根据国家和地方的有关规定进行划定，并经同级省林业主管部门核查认定的公益林地。

2. 森林生物资源

包括森林、林木以及森林为依托的动物、植物和森林微生物。

（1）森林、林木资源。

林业上把树冠处于森林上层的全部乔木统称为林木。按照林木的树种组成情况，森林有单纯林和混交林之分。单纯林是由一种树种组成的，混交林是由两个以上树种组成的。由于各种树木本身的生物学特性不一样，从而有常绿、落叶、针叶和阔叶林之分。

森林、林木资源也称为立木资源，是森林资源中最重要的组成部分，是森林资源中产权交易最活跃的部分，也是森林资源资产价格评估最主要的内容。用材林是森林资源中以生产木材为主要目的的部分，在森林资源中面积最大，蓄积量最多。用材林根据其内部结构与经营方式的不同，可分为同龄林与异龄林两大类，其林木资源也分为同龄林林木资源和异龄林林木资源。

（2）森林动植物及微生物资源。

指森林中和林下依托森林、林木、林地生存的野生动植物、土壤微生物及人工养殖、栽培的动植物资源。

3. 森林环境资源

包括森林景观资源、森林生态资源，由具有生态价值、经济价值、景观价值、服务价值的各种环境要素组成，在科学经营条件下可产生巨大的经济效益。

根据森林资源与社会经济活动的关系来划分，可以把森林资源分为经营性森林资源与非经营性森林资源。

三、森林资源的价值与价格

森林资源是不是商品，有没有价值是林业经济学界长期以来讨论的核心问题。关于森林资源的价值与价格的理解与认识在我国经历了一个相当长的历史阶段。

从新中国成立到20世纪70年代末期，由于受到传统政治经济学理论的束缚，学术界普遍认为自然资源是无价的，“一个物可以是使用价值而不是价值。在这个物并不是由于劳动而对人有用的情况下就是这样。例如，空气、处女地、天然草地、野生林等。”这里说的野生林是指未被当作财富而不被任何人或单位占有的含义。森林资源主要是自然产生的，因而只有使用价值，而没有价值。这种错误的理解与认识使几十年的林业建设发生了很大的失误，产生了许多不良的后果，诸如产品高价、原料低价、资源无价就是一个最为突出的例子，从而导致了森林资源锐减和不应有的环境破坏。

20世纪70年代末到80年代中期，理论上的错误理解和政策上的失误所带来的恶果严重显露出来，国内外经济学家、生态学家，甚至于包括各国的政治家和社会学家普遍把资源与环境问题提到了议事日程。森林是陆地资源的代表，是自然资源的重要组成部分，不论是我国，还是其他国家或联合国、世界银行等国际组织，在研究资源与环境问题时，都把森林资源摆在一个重要位置。森林是有价值的，虽然原来以计划经济为主的国家与市场经济国家解释各不相同，但观点趋于一致。以计划经济为主的国家认为只有人类劳动参与下的森林资源如人工林才有价值，而原始林则无价值；而市场经济国家则认为只有能进入市场并进行交易的资源才有价值，否则就无价值。

20 世纪 80 年代末以后，中外专家对自然资源价值问题进行的讨论充分肯定了资源与环境是有价值的，特别是进入 90 年代，人们逐渐认识到，必须建立与经济发展相协调的自然资源发展战略和管理体制，从根本上转变自然资源业的运行机制，变无偿占有和使用自然资源为有偿占用，变高消耗低产出为低消耗高产出，使自然资源业成为基础产业的“基础产业”。这意味着营林生产作为独立的社会商品生产部门的确立，使得在社会商品价值关系中，营林产品参与商品市场调节，并占据重要的位置，森林资源价格不再完全表现为森林地租的价格，而是有了自身的经济内涵，即人类投入培育森林的社会平均必要劳动。虽然森林资源价值的完全计量还难以实行，但森林资源具有价值得到了广泛的承认。

1. 森林资源价值论的理论依据

马克思劳动价值论指出：抽象劳动是价值的唯一源泉。价值量的大小是由社会必要劳动时间决定的。在理解马克思劳动价值论时，要把握以下三点：

（1）劳动是价值的唯一源泉，不需要付出劳动就可以为人类所使用的物质没有价值。但是每一商品的价值都不是由这种商品本身包含的必要劳动时间决定的，而是由它的再生产所需要的社会必要劳动时间决定的。

（2）劳动创造的价值量是以社会必要劳动时间来衡量的，所以一个能充分反映社会需要的经济运行机制，能提高劳动效率，使其得到合理的开发、利用，从而创造出相对更大的价值。

（3）人类在改变物质形态的劳动中，还经常依靠自然力的帮助，因而对自然力的充分利用能节约劳动，减少商品的价值。

森林由过去没有价值，到现在有了价值，都可以从马克思的劳动价值论中得到正确而合理的解释，它反映了马克思劳动价值论的历史意义。

在过去，森林资源主要是天然林，且表现出极大丰富。其再生产也主要是自然再生产（指天然更新过程），不需要人们付出具体劳动就自然存在、自然生成，因而在这一特历史条件下森林资源无疑没有价值。

当森林资源作为人类生存发展的一种重要物质基础被某一产权主体占有时，它可以作为生产要素进入商品流通，并具有一定的价格，但其价格基础不是价值，而是森林地租，这是一定时期人类社会经济发展水平的反映。

随着社会经济发展，人类对森林资源需求不断增加，单纯依靠自然再生产不能达到森林资源与社会经济协调发展。为了保持经济社会的长期稳定发展，人类必须对森林资源的再生产进行投入，从而使自然再生产与社会再生产结合起来。森林资源中人工林所占的比重不断扩大，天然林采伐后也需要人类劳动的投入促进更新，真正意义上的纯天然林已经非常稀少。因此，依据社会平均必要劳动时间决定价值的劳动价值论，森林资源就有了价值，其价值的大小就是在森林的生产和再生产过程中所投入的社会平均劳动量。因此，在社会经济较发达的今天，森林资源具有价值完全符合劳动价值论的一般原理。

第二节　森林资源资产

一、资产及其分类

（一）资产的概念与特征

对于资产的概念，中外学术的表述略有不同。美国财务会计准则委员会发表的财务会计概念第三辑中，对资产下了如下的定义："资产是可能的未来经济利益，它是特定个体从已经发生的交易或事项所取得或加以控制的。"我国《企业会计准则》对资产定义为：资产是企业拥有或者控制的能以货币计量的经济资源，包括各种财产、债权和其他权利。

从上面资产概念的表述中，可看出资产具有三个重要特征：

（1）资产蕴含着可能的未来利益，即资产是一种经济资源，这是资产的本质。在企业经济活动中表现为：① 单独使用或与其他资产结合使用。② 换取其他资产。③ 用于偿还负债。④ 分配给企业所有者。

（2）为某一特定个体所控制。每一项资产总是特定个体的资产。某一个体拥有一种资产，它对其未来经济利益的控制，必须达到能享有其利益、加以排斥或加以管辖。

（3）资产可以用货币来计量。

由这些特征可以看出，资产的可获益性、可控制性、可计量性与已发生性是资产的一些基本特征。

资产按其经济性能分为经营性资产、非经营性资产；按其在企业生产过程中的表现可分为固定资产、流动资产、无形资产等。

（二）资源与资产

资源与资产有本质的区别。资源是自然界中客观存在的某些物质与能量；而资产是随着人们对资源内涵的认识不断加深而在理论上赋予它新意以后产生的概念。只有那些通过法律程序，明确归属为某经济主体的资源才可以转化为资产。

资源与资产的物质内涵相同，但在社会经济活动中的地位与作用却明显不同。资产是显而易见的财富，而资源只能视为宝藏。资源的"资"含义是资料，资产的"资"含义是资本。

资源与资产两者之间密切联系，但存在着很大不同。作为资产，两者必须是一种经济资源，其物质内涵具有一致性。

资源提示财富的物质属性，主要以实物管理、数量管理为基础；资产要揭示财富的经济属性，目标是对资源进行经济补偿或者以价值实现与价值管理为核心。

资源的取得或者是天然形成的，或者是人的劳动与自然环境共同作用形成的。而资产的形成可以有三种渠道：一是由人们认定渠道，将一些资源作为资产；二是由人们通过自身劳动创造的；三是由买卖、租赁等产权交易实现的。

作为资产的资源，在法律上具有独立性，即有明确的属主，资产总是个体的资产，主体对其具有控制权。

资产能够以货币计量，而资源主要以实物单位计量。

资产的形成与人们的认知程度和经济活动有关，资源在人们获得能够取得未来经济利益的现实能力后才构成资产，人们能够驾驭和享有资产的未来收益。

根据资产的获益性，自然资源中那些没有经济利用价值的因素或者在当今知识与技术条件下不能确定其有经济利用价值的因素不能成为资产。

下列自然资源不能构成资产：

（1）没有依法认定以前的自然资源；

（2）未达到可利用状态的自然资源；

（3）完全没有经济利用价值的自然资源；

（4）在现在技术条件下不可计量的其他自然资源。

随着认识的深化与研究的需要，人们对资产进行了多种分类。

（1）据资产的所有者身份地位不同，可把资产分为国有资产与非国有资产。在非国有资产中，又分为：集体所有、股份所有、合资、合作、私人（个体）占有、私营占有等多种类型。

（2）据资产存在的形态可分为如下几类：

① 固定资产，通常所说的不动产及其附属物；

② 流动资产，可以流转的各种实物形态的资产及其附属物；

③ 资源性资产，基于对自然资源的占有而形成的资产，如土地使用权、采矿权等；

④ 金融性资产，也称资金性资产，如货币、有价证券及由出资形成的权利等构成的资产；

⑤ 无形资产，如发明权、专利权、商标权、版权、商品信誉等无形财产形式而构成的资产。

（3）据各类资产与社会经济活动的关系来划分，可分为两大类：

① 经营性资产，指各类经营单位经营使用的和按企业经营要求使用的资产，包括第一、第二、第三产业经济活动中使用的各种资产；

② 非经营性资产，指非经营单位（行政事业单位及公益性单位）所使用的、主要用于公益事业及尚未投入经营活动的资产。

二、森林资源资产

森林资源资产是指在现在认识和科学水平条件下，通过进行合理的经营利用，能给其产权主体带来一定经济利益的森林资源。

（一）森林资源资产的定义

具有森林生态系统的物质结构，以森林资源物质基础为内涵的财产，称为森林资源资产。该定义有如下几层意义：森林资产是财产，构不成财产的森林资源不划为森林资产；它的物质基础是森林资源，是建立在森林生态系统的物质结构之上；产权归属不明确的、不能作为生产要素投入经济运营的森林资源，不是森林资产。

（二）森林资源资产的性质

森林资源资产既有一般资产的共性，又有它本身的特性。分析与研究森林资源资产的某些属性，有利于用科学发展观来指导林业经营。在某种意义上，森林资源资产价格评估的结论只能是一种判断性意见，通常是建立在外部环境按技术上的可能性、经济上的合理性而进行充分分析的基础之上的，它会随各种因素的变化而变化，这构成了森林资源资产价格评估的特殊性质。森林资产的特性如下：

（1）经营的持久性。森林资源资产在没有受到自然灾害和人为破坏时，在科学、合理的经营下，不发生折旧问题，而且每年都出售部分资产（林产品），其森林资源资产总量保持不变，或略有增长，长期持久地实现其保值增值的目的。

（2）再生的长期性。根据森林生长发育的规律，它的产品很长时间后才能出售，投入某一森林资源资产经营的资金少则数年，多则数十年、上百年才能回收，因为一块林地造上林木，要到数十年后，林木成熟并进行采伐时，才能将其资金收回。

（3）结构的综合性。其物质结构不是单一的，而是由多种物质构成的多种财产的综合体，既有不动产性质的林地资产（类似固定资产），又有存货性质的林木资产（类似流动资产），森林景观资产兼有无形资产的性质。

（4）形态的复杂性。没有固定的形态，林地、林木、野生动植物形态各异，千奇百怪。

（5）分布的地域性。不同地域的森林资产在结构与功效上差异较大，不可比。如南方的热带雨林与北方寒温带森林、山地森林与沙区森林之间差异甚大。

（6）生产的定位性。森林资产的产生与经营离不开林地这一不动产，严格的定位与管理方法密切相关。

（7）功能的多样性。森林资源资产的某些成分，除了有价值可以交换的商品属性外，还有难以度量的生态公益效能，这些效能通常自动外溢，受益者无需付费，即可得益。为此，造成森林资源资产的评估价值偏低。

（8）管理的艰巨性。森林资产漫山遍野定位在广阔的林地上，既不能仓储，又难以封闭，导致易流失，风险损失大，经营必须引入风险机制。森林的多样性和地域上的差异，又构成了资产计量上的困难。

（三）森林资源资产的构成

森林资源资产的多少及价值高低与森林资源的丰富程度关系密切，但两者不一定成正比。森林资源丰富并不等于森林资产雄厚。森林资产的物质载体是森林资源，森林资源是综合性的、立体的复合资源。根据森林资源内部物质结构的层次性，可把森林资源资产分为几个构成部分。

（1）林地资产。凡经县级以上人民政府明令划归林业单位经营管理的林业用地，包括有林地、疏林地、宜林地和已经为林业经济活动所占用的土地（如林业建筑、林区道路），均可转化为林地资产。

（2）林木资产。凡具有森林资产属性的活立木蓄积称为林木资产。在一般情况下，林木资产是森林资源资产的主体部分。林木不能脱离林地而存在，严格地说，林地资产的数量是相对稳定不变的，而林木资产在科学管理的条件下随时间延续而增值。

（3）林内野生动植物资产。人工培育的林区动植物应是经营者的资产。未经投入而滋生的林区野生动植物也是森林资产的组成部分，它是森林生态系统的衍生物，科学合理经营可变成有价的商品。有些野生动植物的经济价值尚未被认识和发现，但不等于它们没有价值。随着科技进步与创新，其资产价值终将被发掘出来。

（4）森林环境资产。林内由山、水、土、石、花草、树木、风光、景观等组成的森林环境，在保健、旅游、休闲、观赏等方面具有较高的经济价值。当这些环境资源由国家授权给某经济法人单位进行实际控制并经营时，它就成为森林资产的一部分。森林风景名胜区、森林公园、森林旅游业的经营对象均为森林环境资产。

第三节　森林资源与森林资源资产的关系

一、森林资源与森林资源资产的区别

森林资源和森林资源资产的区别就在于：森林资源更多的表明自然界中客观存在的某些物质与能量；森林资源资产是那些通过法律程序，明确其为某一经济主体拥有并有效控制的、能作为生产要素投入经营活动的森林资源。

森林资源与森林资源资产既有联系又有区别。森林资源是构成森林资产的物质基础，是物质存在的反映；森林资源资产则是一种观念形态，是财产法律关系的反映。正如财产所有制与财产所有权的关系一样：所有制反映的是财产占有经济制度，是物质基础的一部分；所有权反映的是财产归属的法律关系，是上层建筑的一部分。森林资源与森林资源资产是分属于经济基础与上层建筑的不同范畴。例如，森林资源属于国家所有，是一种生产资料所有制的表述，而不是产权关系的确定。只有从法律上确认森林资源的财产所有权关系，才会形成森林资源资产。凡界定为国有森林资源资产者，必定有一个或几个由国家授权委托并代表国家行使财产权利的经济法律关系主体（林业经济法人或公民），对这笔资产实行有效的控制和管辖，否则，就不能构成国有森林资源资产。

森林资源的管理是行政性的静态管理，管理目的是安全与自然增值；森林资源资产的管理是经济性的动态管理，管理的目的是经营获

利。所以，森林资源是储藏状态下的森林，经营权呈虚置状态；森林资源资产是经营状态下的森林，经营权已经落实到有经营能力的社会组织和劳动者手中。简单地说："有主、有数、有用、能卖"的是森林资源资产，否则就是原始状态下的森林资源。从两者的内涵来看，森林资源是森林资源资产的主要部分，森林资源资产虽然不能囊括森林资源，但是为其服务的有形与无形的东西却包含在内。所以，从行政管理的角度看，森林资源资产管理不仅由林业部门管理，还要由国有资产管理部门监管。

森林资源资产的构成不是一成不变的。它与森林资源的分类和开发目的有关，也与森林资源开发过程中生产力的水平及生产关系的类型有关。森林资源是构成森林资产的物质基础，是物质存在的反映；森林资源资产则是一种观念形态，是财产关系的反映。由森林资源变为森林资源资产，需要具备以下条件：

（1）森林资源的物质实体具有使用价值，可作为经营对象，预期会给企业带来经济利益，属于物质财富范畴；

（2）数量确定，归属于明确的会计主体，为该主体所拥有或控制，并受法律保护；

（3）其价值或成本能够可靠计量，并可作为商品进行交换。

按照经营管理的形式分为：公益性森林资源资产（防护林、特种用材林、自然保护区、森林公园）和经营性森林源资产（用材林、经济林、薪炭林和竹林资产）。

二、森林资源资产的界定

森林资源资产界定主要包含两大方面的内容。其一是界定森林资源资产的物质内涵，即哪些是森林资源资产，哪些不是森林资源资产；其二是界定森林资源资产的所有权，即要确定森林资源资产的占有权、使用权、收益权和处分权。

（一）森林资源资产界定的基本原则

森林资源资产的界定是我国林业经济管理体制的变革，是为建立具有中国特色社会主义市场经济体制服务的。其界定应遵循如下基本原则：

1. 以法律为依据的原则

森林资源资产的界定是一种法律行为，其界定必须以有关法律为依据。无论是森林资源资产物质内涵的界定，还是森林资源资产所有权的界定，都必须要有法律依据。

2. 国家所有权受特殊保护的原则

国家是特殊的经济主体，唯有国家的利益最能反映全体人民的共同利益和社会的长远利益。因此，在森林资源资产的界定中，国家所有权必须受到保护。根据《民法通则》规定无主财产归国家所有，《继承法》规定无人继承的财产归国家所有。就森林资源资产而言，凡没有法律依据为集体所有或其他经济成分所有的森林资源资产均应界定为国有森林资源资产。

3. 维护其他非国有经济主体合法地位的原则

在森林资源资产的界定中，由于森林资源具有定位性，与林地是不可分割的，而我国的土地所有制只有全民所有和集体所有两种，其他经济主体只拥有土地的占有权与使用权，因此，保证非国有经济主体对森林资源资产的合法占有与使用，对于林业发展具有重要意义。

4. 谁投资谁占有谁受益的原则

在市场经济的条件下，资产及其收益最终都归投资者所有，收益的分配也由投资者来控制；森林资源资产在其形成中有较多自然力因素，但也离不开资金的投入。鼓励多种经济成分积极投资林业是振兴我国林业的重要举措。因此，在森林资源资产的界定中要特别注意林地资源资产与林木资源资产的归属，谁投资谁占有谁受益就是这一政策的最好体现。但必须注意，林地资源资产的归属不因林权的改变而随意变动。

（二）森林资源资产界定的依据

森林资源资产界定的依据在内容上分为两个层次：

1. 界定森林资源资产的不同财产构成

森林资源资产的财产构成界定依据主要有：

（1）有关的自然资源法律法规。如《中华人民共和国森林法实施条例》、《中华人民共和国土地管理法》、《中华人民共和国草原法》、《中华人民共和国水土保持法》、《中华人民共和国野生动物保护法》、《中华人民共和国渔业法》、《中华人民共和国物权法》等法律法规中关于资产构成的条款是资产构成界定的基本依据。

（2）当地生产力发展的水平。资产的财产构成是随着生产力发展水平的提高而丰富的，如森林环境资产在20世纪80年代中期前，人们对它的认识是有限的。随着时代的进步与科学技术的发展，森林旅游已成为旅游热点，森林环境资源就理所当然地成为森林资源的重要组成部分，也成了重要的森林资源资产。

2. 界定森林资源资产所有权的各种权能

所有权的各种权能的界定就是对资产占有、使用、处分、受益的界定。森林资源资产的占有权要依据县（市）以上人民政府的具有法律效力的法律文书来确定归属，如县政府签发的土地证、山林权证等。森林资源资产的使用权界定，除了依据县以上人民政府的法律文书外，通常还可依据森林资源资产占有者具有法律约束力的契约性文书来界定，例如通过签订合同、协议的方式将森林资源资产交由其他经济主体使用。森林资源资产受益权主要根据谁投资谁受益的原则，依据法定或约定的经济管理文件来界定，如合同书等。森林资源资产的处分权则必须由原占有森林资源资产的经济主体的上级主管部门的具有法律效力的文书来界定，因为森林资源资产的处分权涉及产权的流转，必须得到上一级主管部门的确认才有效。

（三）森林资源资产的界定

森林资源资产的界定就是要界定哪些森林资源属于资产，哪些不属于资产，以及属于资产的各项权能的归属。在界定中必须对各项森林资源资产的内部构成进行仔细的分析与认定。对这些资产进行分类分析的主要依据是价值论。森林资源界定为资产必须满足三方面的要求：（1）产权归属明确，为某一经济主体所占有，并实施有效控制；（2）具有使用价值，可作为经营对象；（3）数量明确且可用货币进行度量，可作为商品在在市场中进行交换。

1. 林地资源资产认定

除根据《中华人民共和国森林法实施条例》第二条规定外，《林地分类》（LY/T 1812—2009）作了更为具体的划分。

根据有关法规，我们可以认定哪些属林地资源，哪些不属林地资源。在林地资源中确认是否为林地资源资产，应以目前生产力的发展水平为依据。也就是要以该块林地在当前生产力的水平下，它可拥有的价值以及其经营和权属来认定。不满足上述要求的林地，在目前只能作为资源或潜在的林地资源资产存在，而暂时不能列入资产，不能进行评估。但随着经营条件的改变，它们可能转为资产。

2. 林木资源资产认定

林木资源资产是具有资产属性的林木总和。根据《中华人民共和国森林法》和《森林资源规划设计调查技术规定》，林木资源按其功能主要可分为五种：防护林、特种用途林、用材林、薪炭林和经济林。

在五大林种中，经济林应全部认定为森林资源资产。因为它的产权明晰，可实现有效的控制，而且它以生产果品、油料、饮料、调料、工业原料和药材为目的，通常有较多的投入和较高的经济效益。

用材林和薪炭林的大部分应认定为森林资源资产。

不能认定为资产的主要有：

（1）产权关系不明确的用材林和薪炭林；

（2）经营主体无法进行事实上有效控制的用材林，如不可及林；

（3）生产条件恶劣或林分质量极差，无法产生经济效益，不能作为经营对象的森林。

防护林的情况较为特殊，相当一部分的防护林虽然以防护效益为主要目的，但仍可产生较大的经济效益，如水源涵养或由于防护效益带来了直接间接的经济效益为某一特定经济主体所占有。如农田牧场防护林、护路林、四旁林等。这类防护林产权关系明确并能产生经济效益，其效益为某一特定的经济主体所占有，则应认定为森林资源资产。其他的防护林，由于其产生的生态效益为社会所共有，难以用货币计价，它们暂时只能作为潜在的资产而不能直接认定为资产。

特殊用途林的情况很复杂，它的经营目的是多种多样的，它们中间有一部分即使产权关系明确也不能作为森林资源资产。如以保护军事设施和作军事屏障为主要目的的国防林，自然保护区内的禁伐林等。但有些特用林，如以培育优良种子为目的的母树林，教学、科研实验林场的实验林，城镇、医院、疗养院、工业区等以净化空气、改善环境、防止污染、减低噪音为主要目的环境保护林，在风景游览区内美化环境、吸引游人的园林和风景林等森林，虽然有其特殊的经营目的，但在实现该目的前提下，仍可产生较大的经济效益，可以作为资产经营。这类森林只要产权关系明确，为某一经营主体所占有并实施实际上的有效控制，则应认定为森林资源资产。

3. 林区野生动植物资产认定

林区野生动植物是森林资源的重要组成部分，但野生动植物的产生不是人类劳动的产物，如何确认它们的数量及价值一直是学术界研讨的课题。传统的认识是将其作为资源来管理，而不认为是资产。但随着社会的进步，野生动植物的价值发生了巨大的变化，而且森林资源的经营方式也朝着多样化与综合利用方向发展，在林区中对野生动植物采取管护和施加人工经营手段实施有效的控制措施，如圈养、狩猎场、包沟等，这类野生动植物应认为森林资源资产。其他的野生动植物资源仅能作为潜在性资产。

4. 森林环境资产认定

森林环境是森林生态系统的组成部分。林区中的山、水、土、石、大气、光照、动物、植物等各种生物和非生物要素的组合称为森林环境。森林环境的开发利用是随着森林旅游的兴旺而发展起来的。森林环境的开发、经营是以森林旅游为目的、以林地的开发为基础。森林环境能被界定为森林环境资产，除了其产权要求外，关键是看当地的旅业发展水平。交通条件较好、森林环境优美、可以吸引游客的环境资源应认定为森林环境资产。地处边远、交通困难、虽然环境优美但无法吸引游人前往的森林环境资源，在当前只能是资源，而不能作为资产。

5. 森林无形资产认定

主要指在森林的生态服务价值评估中的森林名誉价值和森林碳汇、森林节能、森林文化等资产。

第四节　林业企事业单位资产

全国的林业企事业单位作为国民经济中不可缺少又难以取代的产业部门，在新中国成立后的发展中逐步积累了庞大的资产。林业企事业单位资产包括经营性资产与非经营性资产，绝大多数属于独立的林业企事业法人单位，包括国有大中型林业企业一百多家（国有林业局），数以万计的地方国有林场、集体林场、个体私人林场、林业承包户等。

一、林业企事业单位资产的范围

林业企事业单位原则上是以培育、经营、管理森林为主流业务，即以林为业。它们在运营过程中，培育、经营、管理着大面积的森林，所以森林资产是林业企事业单位资产中的主体部分。林业企事业单位出于经营的需要，也积累了大量的非森林资产。

林业企事业单位资产的主体是以森林生态系统物质结构为主的绿色资产，包括林业用地及地上有生命力的各类森林生物：活立木、灌木、草本、森林微生物等，森林生物与它所存在的环境构成森林生态系统。

非森林资产包括：培育生产种子、苗木的各类设施；储存种子、苗木、木材的设备、机械；集材、运材的道路设施；林业科研、试验、示范基地；野生动植物保护、护林、森林病虫防治、森林防火、木材检疫的基础设施；供水、供电、供热、通信设施等；林区房地产也是林业企业资产的重要组成部分。

还应当注意到，除了林业企事业单位的森林资产与非森林资产以外，非林业企业中也有大量的绿色资产，如矿区的森林、交通要道两侧的护路林、铁路两侧的护路林、城市园林、各类事业单位内的园林绿化植物等。

上述各类可以统称为林业资产。我国的林业产业正处于改革的转型期，集体林产权的改革已基本完成，国有林业企事业单位的改革尚待完成。在林业企事业单位改革过程中及改革完成后，与林业资产密切相关的价格评估服务将形成较大的市场需求。

林业企事业单位资产及非利用企业的绿色资产在进行价格评估时，必须先进行资产的界定。将绿色森林资源资产与非林资产区别统计归类，然后遵循相关专业的价格评估准则分别进行，然后再综合归纳。

二、林业企事业单位资产的综合性

森林的主要成分是活立木，它生长在林地上，具备不可移动的定位性。森林资产的这种定位性导致了林业企业的地域综合性，所以，林业企事业单位是不可移动的，也具有定位性，它不可能像其他工业企业可以搬迁。林业企事业单位也不可能破产关闭，因为它肩负着森林公益社会服务功能。这些属性造成了林业企事业单位是一个复杂的小社会，它既经营大片的森林，也掌管着各类工业、交通设施，构成林业企业资产的综合性。

一个大型林业企事业单位本身就是一个小社会，工农商学兵、党政工团群、培育森林、交通运输、医疗卫生、文化教育、精神文明等各行各业缺一不可。作为中介服务的价格评估机构，在重点林区具有相当的市场需求，林业企事业单位资产的价格评估具有综合性，单纯的专业性森林资产价格评估，往往还不能适应社会的需求。

三、林业企事业单位经营的永续性

早在上世纪 80 年代，国家就提出了森林经营要以营林为主、永续经营的方针。森林经营既要为社会提供各种林产品，也要担负着森林生态系统为人类社会发挥生态防护功能的职责，所以林业企事业单位必须永续经营，只能兴旺发达，不可以破产迁移。

以活立木集群而形成的实力资源资产，具有强大的生物生产力。在科学合理的保护措施下，活立木每年都能通过林木生长，增殖大量的木材，并养育了林区野生植物与野生动物，其中不乏稀有珍贵品种，价值、价格都很高。

林业企事业单位的生存依赖于森林生态系统与林区社会系统的有机结合。森林生态系统的永续性为林业企业的永续存在与发展提供了物质基础，社会的进步与发展，对森林生态防护功能的需求也处于上升的趋势，防灾减灾、改善气候、环境美化等社会需求也要求林业企事业单位的永续经营与兴旺。

在林业企事业单位资产中，森林植物、动物新品种的专利性评估、森林生态系统生物生产力的价格评估、林地经营权的价格评估都带有无形资产评估的特征，在价格评估业务中具有很大的发展潜力，其定价原则、评估方法也需要深入研究，这些对森林资产价格评估提出了新的要求。

四、林业企事业单位资产预期收益评估的重要性

森林生态系统的服务功能，一般被称为生态效益、社会效益、经济效益。三大效益的需求是不断上升并快速增长的。森林树木是处于不断生长发育过程中，林木的生长发育具有周期性、规律性。在林木价格的评估中，林木生长的预期收益评估是森林评估中不可缺少的重要组成部分。

林木材积的生长用材积生长率表示，东北内蒙古林区主要成林树种的材积生长率均高于银行储蓄存款利率，为此，人们把森林称为“绿色银行”。森林树木的生长预期收益就类似于“绿色银行”的存款利息。森林资产价格评估中，预期收益的评估十分重要，它是林业企事业单位未来收益评估中的组成部分。缺少了森林树木预期收益的价格评估，林业企事业单位价格评估就丧失了特色，也就与一般的资产评估区别不大。

森林资源资产价格评估专业人员，应当熟悉被评估森林资产中成林树木的生长规律，也应当了解林业企事业单位资产构成及经营状况的变化，以利于提高森林资产价格评估的专业水平。

第二章　林地林木资产

第一节　林地资产概述

一、林地资产的概念

林地作为一种资产，它应具备资产的特性，是以林地资源为物质财富内涵的财产。具体地说，林地必须有明确的产权关系，为特定的法律经济主体所占有并实施有效的控制，即作为资产的林地，其所有权、使用权必须是清楚的，而且是能够有效控制的。这样，一些边远地区的不可及林地，虽然其产权关系明确，但在现阶段还无法对其实施有效控制，因此，这些林地暂时还不能定为资产，不能够进行评估，只能作为资源进行评价、管理。

此外，作为资产的林地必须能够进入市场，用货币计量，并进行货币交换。也就是说，作为资产的林地，企业或个人对其进行经营可获得经济效益，产生利润，并且其价值是可以通过货币进行计量和交换的。而一些立地质量差、交通不便、经营无效益、无人愿意经营的林地，如沙漠的防风固沙林的林地和高山陡坡上的水土保持林的林地都不能列入林地资产。此外，一些受到国家法规制约的林地，如自然保护区的核心区，虽然其立地质量高，亦有一定的交通条件，但受到国家法规的制约，不能进行经营，不产生经济效益，不能进入市场，仅作为人类的共同财富，通常也不能列入林地资产。另外，大部分的灌木林地也不能列入林地资产。在界定宜林地的林地资产时，不是所有的荒山荒地都是宜林地，它必须是国家明确划定来营造森林的荒山荒地。

二、林地资产的分类

林地资产分为两级，其中一级分为 8 类，包括有林地、疏林地、灌木林地、未成林造林地、苗圃地、无立木林地、宜林地、辅助生产林地。有林地、灌木林地、未成林造林地、无立木林地、宜林地 5 个一级地类共分为 13 个二级地类。地类划分及其技术标准见表 2－1。

表 2－1　　林地资产分类及技术指标表

序号	地类		技术标准
	一级	二级	
一	有林地		附着有森林植被、郁闭度 0.20（含 0.20）以上、连续面积 0.067hm²（含 0.067 hm²）以上的林地
（一）		乔木林地	由乔木（含因人工栽培而矮化的）树种组成的片林或林带，其中，乔木林带行数应在 2 行以上且行距≤4m 或林冠冠幅水平投影宽度在 10m 以上；当林带的缺损长度超过林带宽度 3 倍时，应视为两条林带；两平行林带的带距≤8m 时视为片林
（二）		竹林地	附着有胸径 2cm 以上的竹类植物的林地
（三）		红树林地	在热带或亚热带海岸潮间带或海潮能够到达的河流入海口，附着有红树林科植物或其他在形态上和生态上具有相似群落特性科属植物的林地
二	疏林地		由乔木树种组成，连接面积大于 0.067 hm²、郁闭度在 0.10～0.19 之间的林地

续表

序号	地类		技术标准
	一级	二级	
三	灌木林地		附着有灌木树种或因生境恶劣矮化成灌木型的乔木树种以及胸径小于2cm的小杂竹丛，以经营灌木林为目的或起防护作用，连续面积大于0.067 hm^2、覆盖度在30%以上的林地。其中，灌木林带行数应在2行以上且行距≤2m；当林带的缺损长度超过林带宽度3倍时，应视为两条林带；两平行灌木林带的带距≤4m时视为片状灌木林
（一）		国家特别规定灌木林	符合《“国家特别规定的灌木林地”的规定》（试行）要求的灌木林地
（二）		其他灌木林	不符合《“国家特别规定的灌木林地”的规定》（试行）要求的灌木林地
四	未成林造林地		人工造林、飞播造林、封山育林后在成林年限前分别达到人工造林、飞播造林、封山育林合格标准的林地。人工造林合格标准按GB/T 15776的规定执行；飞播造林合格标准按GB/T 15162的规定执行；封山育林合格标准按GB/T 15163的规定执行。成林年限标准见表2－2

续表

序号	地类		技术标准
	一级	二级	
（一）		人工造林未成林地	人工造林和飞播造林后不到成林年限（见表2－2），造林成效符合下列条件之一，分布均匀，尚未郁闭但有成林希望的林地：（1）人工造林当年造林成活率85%以上或保存率80%（年均等降水量线400mm以下地区当年造林成活率为70%或保存率为65%）以上；（2）飞播造林后成苗调查苗木3000株/hm^2以上或飞播治沙成苗2500株/hm^2以上，且分布均匀
（二）		封育未成林地	采取封山育林或人工促进天然更新后，不超过成林年限，天然更新等级中等以上，尚未郁闭但有成林希望的林地，天然更新等级标准见表2－3
五	苗圃地		固定的林木、花卉育苗用地，不包括母树林、种子园、采穗圃、种质基地等种子、种条生产用地以及种子加工、储藏等设施用地
六	无立木林地		采伐、火烧后达不到疏林地标准、且还未更新造林的林地，以及造林失败等的林地
（一）		采伐迹地	采伐作业后3a内保留木达不到疏林地标准、尚未人工更新或天然更新达不到中等等级的林地
（二）		火烧迹地	火灾后3a内保留木达不到疏林地标准、尚未人工更新或天然更新达不到中等等级的林地

续表

序号	地类		技术标准
	一级	二级	
（三）		其他无立木林地	包括：（1）造林更新后，成林年限前达不到未成林造林地标准的林地；（2）造林更新到成林年限后，未达到有林地、灌木林地或疏林地标准的林地；（3）已经整地但未造林的林地；（4）不符合上述林地区划条件，但有林地权属证明，因自然保护、科学研究等需要保留的土地
七	宜林地		县级以上人民政府规划的宜林荒山荒地、宜林沙荒地和其他宜林地
（一）		宜林荒山荒地	未达到上述有林地、疏林地、灌木林地、未成林造林地标准，规划为林地的荒山、荒（海）滩、荒沟、荒地等
（二）		宜林沙漠地	未达到上述有林地、疏林地、灌木林地、未成林造林地标准，造林可以成活，规划为林地的固定或流动沙地（丘）、有明显沙化趋势的土地等
（三）		其他宜林地	除以上两条以外的用于发展林业的其他土地
八	辅助生产林地		直接为林业生产服务的工程设施用地。包括：培育、生产种子、苗木的设施用地；储存种子、苗木、木材和其他生产资料的设施用地；集材道、运材道；林业科研、试验、示范基地，野生动植物保护、护林、森林病虫害防治、森林防火、木材检疫设施用地；供水、供热、供气、通讯等基础设施用地；其他有林地权属证明的土地

表 2－2　　不同营造方式成林年限表

单位：年

营造方式		400 mm 年降水量以上的地区				400 mm 年降水量以上的地区	
		南方		北方			
		乔木	灌木	乔木	灌木	乔木	灌木
封山育林		5～8	3～6	5～10	4～6	8～15	5～8
飞播造林		5～7	4～7	5～8	5～7	7～10	5～7
人工造林	直播	3～8	2～6	4～8	3～6	4～10	4～8
	植苗、分殖	2～5	2～4	2～6	2～5	3～8	3～6

注 1：成林年限确定原则：

——商品林宜取下限，生态公益林宜取上限；

——速生树种宜取下限，慢生树种宜取上限；

——青藏高原参照北方地区；

——大苗造林、工业原料用材林各省（自治区、直辖市）可自行规定。

注 2："400 mm 年降水量以下地区"按《"国家特别规定的灌木林地"的规定》（试行）执行。

表 2－3　　天然更新等级标准表

单位：株/公顷

等级	高度		
	≤30cm	31cm～50cm	≥51cm
良好	＞5000	＞3000	＞2500
中等	3001～5000	1001～3000	501～2500
不良	＜3001	＜1001	＜501

注：符合一个条件即可。

三、林地资产的特点

林地资产除了具有林地的一般特性之外，还具有其作为土地资产的特性：

1. 有限性

作为不可再生资源的林地，其在一个地区、一个国家甚至是地球上的总量是有限的，可作为资产的林地更为有限。伴随着经济的发展、人口的增多以及人类对环境质量要求的提高，林地资产就更加有限。

2. 固定性

林地资产和所有土地资产一样，其位置是固定的。因而附属于该位置的温度、湿度、光照、降雨等均有一定的状态，它们构成了土地的自然地理位置，也在影响土地的生产潜力。因此，在进行林地资产评估的时候要充分考虑到林地资产的这一特性。

3. 依附性

林地资产是基础性资产，它是通过其上生长的植被来确定。衡量林地资产的收益须以林木的类型和其生长周期为基础。因此，林地资产的评估依附于林地上的林木。在一些无立木的林地上如采伐迹地、火烧迹地、国家规划的宜林地，则必须为其选择最适用的植被、平均的经营水平来进行评估。

4. 易变性

林地范围的界定是人们根据土地的植被用途，参照有关政策和法规界定的，因而是人为规定的。随着林地上植被的变化，林地很容易变为其他地产。如毁林开荒，把林地变为农用地，修建房屋变为房地产。另外，随着道路的修建、经营水平的提高，土地结构与性质的改良，林地的地利等级、立地质量等级的提高，林地经济效益的上升，一些非资产的林地转化为林地资产，林地资产价值也随之改变。

5. 具有一定的生产力

林地能够生产人类所需的林木和林副产品，就是因为林地在森林生长中，能满足并调节林木对光、热、水、气和养分等生活因子的需要，使林木通过光合作用，将无机物中的二氧化碳制造成碳水化合物，同时把光能转化为化学能储存起来。林地生产力的高低，取决于其本身的特性和人类生产技术水平两方面。

6. 差异性

林地资产的差异性极大，除了其本身内在的生产力差异外，它还存在着地利等级即生产运输成本上的差异。这些差异，给确定林地资产价值带来了许多困难。

第二节　林地的权属与地租

一、林地所有权

林地所有权是土地所有权的一种具体形式。我国实行土地公有制，土地只能属于国家所有或集体所有，林地也不例外，私人（个人）不能成为林地所有权的主体。对此，我国《宪法》和《土地管理法》还特别规定，自留地、自留山也属于农民集体所有，从而强调了土地（林地）公有的这一基本制度。故林地所有权的主体只能是国家和集体。

林地所有权的客体是林地。《森林法实施条例》第二条第四款规定，林地包括郁闭度0.2以上的乔木林地以及竹林地，灌木林地、疏林地、采伐迹地、火烧迹地、未成林造林地、苗圃地和县级以上人民政府规划的宜林地。从法律条文来看，“林地”之“林”不仅包括已然之林，即郁闭度 0.2 以上的乔木林以及竹林、灌木林、树木林；还包括未然之林，如采伐迹地、火烧迹地、未成林造林地、苗圃地、县级以上人民政府规划的宜林地之上均有孕育新生林的可能。换言之，“林地”可分为已经附有森林的土地和可能附有森林的土地。因此，不妨把“林地”概念抽象为：其上已经或可能附有森林的土地。

二、林地使用权

根据法律规定，我国林地部分归集体所有，其余的归国家所有，禁止林地所有权自由让渡，林地所有权和林地使用权分离，林地占有者实际上是占有林地的使用权，林地使用权是指林地使用者依法从林地所有者手里获得对特定林地资源的开发、利用、经营和保护的权利。在我国则表现为林地使用者通过国家（林地所有者）有偿取得林地后依法对林地进行开发、利用和经营的权利。

从定义上可以看出，林地作为一种资源性资产，林地使用者只能依法从国家取得其使用权。林地使用权是对林地开发、利用和经营的权利，实际就包含了依此获得经济收益的权利，林地使用权的行使是建立在保护林地资源基础上的。另一方面从经济和社会的角度着眼，林地使用权的行使必须强调林地资源的长期明智或最佳的利用目标，强调林地资源有秩序的高效利用，强调消除林地资源的浪费和使社会长期净收益最大化。

三、林地地租

我国林地资源绝对量大、相对量小，类型多、分布不均匀，利用率低，森林资源支撑较弱，林业产业发展整体较慢。近年来，我国在林业信贷、森林保险、林业融资等方面出台了一系列重要的扶持政策，要求银行金融机构积极开办林权抵押贷款、林农及中小企业小额信用贷款和林农联保贷款等，延长贷款期限，降低贷款利息，鼓励符合条件的林业产业龙头企业通过债券市场发行各类债券，募集生产经营所需资金，加快林业产业结构调整，推动产业升级，确保林业产业的平稳健康发展，发挥林业在国家建设和人民生活中的基础产业作用。林地地租是林业经济活动中重要的经济指标，我国林地地租研究起步晚，研究成果少。为此，为合理量化林地地租，使林地这一特殊商品步入市场，简化林业市场准入程序提供依据。

地租是一个历史范畴，不同社会形态，地租的性质、内容和形式不同。现代西方经济学家把地租定义为一种经济剩余，即使用土地所付的代价。社会主义市场体制中，地租是在国家、集体和个人三者根本利益一致的前提下，反映土地收益分配关系的经济指标，是国家用来调节社会生产与分配的经济杠杆。我国林地所有权归国家或集体所有，林地所有权不能作为商品买卖，林地使用权可以依法出让、转让、抵押和租赁。林地租金是林地使用权转移的货币表现形式。人工林林地租金通常由林木培育周期内林地的预期收益来决定。

我国从 20 世纪 70 年代开始林地地租的研究，但由于全国林地分布区域广、林地类型复杂、林业政策制约性强等因素限制，林地地租研究进展慢，取得的成果少。从理论上，人工林地租一般可分为三种计算方法：地租资本化法、林地期望值法、林地费用价法。但这三种计算方法均未考虑到市场供求关系、价格政策和相关经济政策等因素，在生产实践中得不到运用。近年来，各地在生产过程中，也尝试数量化林地地租计算方法，如林地评价数位表法等，但因计算过于繁琐，生产上使用较少。因此，我国人工林林地地租及其量化研究还处于起步阶段。

我国森林地租理论的一般框架包括级差森林地租和绝对森林地租两部分，以下分别介绍。

（一）级差森林地租

马克思级差地租理论是以农业用地为例进行阐述的，结合林业的特点同样能够应用于林业，它与我国林业生产实践相结合，就产生了我国的级差森林地租理论。

所谓级差森林地租是指通过经营质量较优的林地所获得的，归于林地所有者占有的那部分超额利润，因它与林地质量等级密切联系，所以称之为级差森林地租。林产品的社会生产价格就由最劣等林地产品的生产价格来决定，经营优等林地和中等林地的经营者按这个生产价格出售林产品，就会分别得到一定量的超额利润，也即级差森林地租。级差森林地租有两种形式：级差森林地租Ⅰ和级差森林地租Ⅱ，与马克思所论述的农业级差地租大体相同。其中，级差森林地租Ⅰ主要依据林地的立地条件（地力）和交通便利状况（地利）来评定。级差森林地租Ⅰ是经营者凭借林地的优势获得的，并不是自己劳动所创造的价值，占有它就是不劳而获，是极不合理的，应将它转交林地所有者。

我国幅员辽阔，林地资源丰富，种类多样，各地方林业主管部门应尽快组织人力、物力对辖区内的林地生产力（地力）进行评定，编制当地的地位级（指数）表，同时评估林地的交通（地利）等状况，然后综合二者的情况，划分林地质量等级，日后根据林地质量等级分级征收级差森林地租。

（二）绝对森林地租

绝对森林地租是由于林地所有权的垄断而产生的，哪怕是最劣等林地也要支付绝对森林地租。我国存在国家和集体两种林地所有制形式，林地所有权存在着垄断，所以，绝对森林地租在我国是客观存在的，经营者无论经营林地质量的优劣，都必须缴纳绝对森林地租。

第三节　林木资产概述

一、林木资产的概念

林木资产也称为立木资产，是指在站立在林地上尚未被伐倒的树木，包括活立木和枯立木，是具有资产属性的林木的总和。

根据我国《企业会计准则》，林木资产是指过去的交易或事项形成的、林业企（事）业单位所拥有或控制的、预期会给其产权主体带来一定经济利益的、生长在林地上的活立木和枯立木资源，在实际工作中，通常也将风倒木或新近砍倒、尚未加工成原木或其他林产品的林木包括在内。

二、林木资产的分类

林木是组成森林的树木，按其区位特征可分为：孤立木、散生木、行道树、林木。

按林木的年龄阶段分为：（1）幼苗：年龄5年生以下，成活并正常生长的树种；（2）幼树：年龄6年生以上，无明显主干、侧枝不明显；（3）幼龄林：造林成功未达抚育阶段的林木；（4）中龄林：进入抚育阶段的林木；（5）近熟林：主伐年龄前1~2个龄级的林木；（6）成熟林：已达主伐年龄的林木；（7）过熟林：已超过主伐年龄1个龄级的林木；（8）灌木林资产：呈森林状态的成片灌木。

不是所有的林木都属于林木资产。林木的生长过程要经过种子、苗木、幼树、中龄林木，近熟龄林木，成熟龄林木等若干发育阶段。种子与苗木可构成独立资产，区别于林木商品。在幼树与中龄林阶段，能否构成森林资产，对不同的树种而言，结论是不一致的，例如，速生树种落叶松10年生采伐后可作交手杆，10年生杨树也可作建筑或造纸材，而10年的红松、云杉、银杏等慢生树种，如果整株移栽可成为商品，用于城市绿化，如果采伐之后，那就只能作烧柴，商品价值低到可以忽略不计，很难成为森林资产。所以，对不能转化为商品的幼树与孤立木，散生木状态的树木不属于森林资产，可作为林地资产的附属物对待。

目前林木资产的分类较多，最主要的分类有四种：

(1) 按照林木资产的来源分为：天然林林木资产和人工林林木资产；

(2) 根据林木资产的生物性资产特点分为：生产性林木资产、消耗性林木资产、公益性林木资产；

(3) 按照林木资产经营管理方式分为：商品林林木资产、公益林林木资产、多功能用途林林木资产；

(4) 根据林木资产提供的效益及用途分为：用材林林木资产、经济林林木资产、薪炭林林木资产、防护林林木资产、特种用途林林木资产。

经济林一般应全部认定为森林资源资产，因为其产权通常比较明确，并可实施有效控制，而且它以生产果品、油料、饮料、调料、工业原料和药材为目的，通常有较高的投入和较高的经济效益。

用材林和薪炭林的大部分应认定为森林资源资产，而产权关系不明确的用材林和薪炭林、经营主体无法进行事实上有效控制的用材林和生产条件恶劣或林分质量极差无法产生经济效益的不能作为经营对象的森林不能认定为资产。

防护林较为特殊，有些防护林虽以防护效益为主，但仍可产生较大的经济效益，如农田牧场防护林、护路林等，则应该认定为森林资源资产。其他的防护林由于产生的社会生态效益为社会所共有，且难以用货币计价，它们暂时只能作为潜在的资产而不能直接认定为资产。防护林的研究开始于1892年，道库恰耶夫通过对前苏联南部荒原地区零星栽植的林带研究，提出了在该地区大规模栽植林带，以改善这一地区的气候条件、减轻自然灾害危害的设想。

特殊用材林情况也为复杂，它的经营目的多种多样，它们中间有一部分产权明确也不能作为森林资源资产，例如：以保护军事设施和军事屏障为主要目的的国防林，自然保护区的紧伐林等。但有些特用林以培养种子为目的的母树林，教学、实验林场的实验林，防止污染，减低噪音为目的环境保护林等在实现目的的前提下，仍有较大的经济效益，可以作为资产经营。

特种用途林情况也为复杂，它的经营目的多种多样，它们中间有一部分产权明确也不能作为森林资源资产，例如：以保护军事设施和军事屏障为主要目的的国防林，自然保护区的禁伐林等。但有些特用林以培养种子为目的的母树林，教学、实验林场的实验林，防止污染、减低噪音为目的环境保护林等在实现目的的前提下，仍有较大的经济效益，可以作为资产经营。

特殊用材林情况也为复杂，它的经营目的多种多样，它们中间有一部分产权明确也不能作为森林资源资产，例如：以保护军事设施和军事屏障为主要目的的国防林，自然保护区的紧伐林等。但有些特用林以培养种子为目的的母树林，教学、实验林场的实验林，防止污染，减低噪音为目的环境保护林等在实现目的的前提下，仍有较大的经济效益，可以作为资产经营。

三、林木资产的特点

林木资产是一种特殊的资产，除具有一般资产的共同属性外，还具有自身的特殊性。

（一）耗竭性和经营的永续性

林木资产最大的特点是具有再生能力和耗竭性，这是由林木资产的生物特性决定的。森林只要采伐适度，就可不断更新，不会导致资源枯竭。但又不具有完全可再生性，如果过度采伐，破坏了森林生态环境，就难以再生。故林木资产既具有可更新性，又具有耗竭性，但如果经营管理合理，生产经营是可循环的，不断地带来收益。

（二）长期性

林木资产是生物性资源资产，它的生长周期较长，从种子到成材少则数年，多则数十年、上百年，需要长期、连续不断地投入生产经营资金。这些投资不能随时变现，而且通常在很长的时间后才能得到这些投资的回报。所以，林木生长周期很长，对林木资产的管理也就是长期的。

（三）辽阔性

森林的分布极为广泛，通常森林资源资产的经营实体都有成千上万公顷的森林资源资产。由于分布的辽阔，使这一地域的森林资源资产与另一地域的森林资源资产在结构内涵与功效上都有不可比之处，各具特色。

（四）艰巨性

森林资源资产漫山遍野地分布在广阔的林地上，既不能仓储，又难以封闭，火灾、虫灾、盗伐等人为或自然灾害难以控制。就是说，森林资源资产容易流失，增加了风险损失的可能性。为此，在进行森林资产评估时，不同于一般的资产评估程序，较复杂、较艰巨，除考虑森林的价值外，还要考虑森林的地位和作用。

（五）复杂性和产品的多样性

森林资源资产结构复杂，形态各异，各具特色。在天然林中，一片林分往往有多个树种，不同树种间的价值差异非常悬殊，而且同一树种的径级大小、林层高低、年龄长短也往往不同，生产出来的木材产品直径、长短各异，没有统一的规格，其材质、出材率都有一定的差异。森林资源资产的某些成分，除了有价值可以交换的商品属性外，还具有一些价值难以度量的生态公益效能，这些效能通常自动外溢，受益者无须付费，即可得益。

（六）整体性以及计量的复杂性

林木资产是在特定林地基础上形成的立体性资产，不能离开林地和森林环境而存在，与林地资产结合成统一体，它既体现自身的价格形成也体现林地资产的价格形成。虽然林木资产是可以计量的，其计量方式可以实物计量或以货币计量，但是林木资产计量的过程却十分复杂。影响其价值的，不仅有天然的因素，也有人工投入的因素；既有自然增值的因素，又有时间价值的因素等。因此其货币指标度量只具有相对准确性。

（七）综合性和外部的影响性

林木资产经营除了直接的经济效益，还同时具有生态效益和社会效益，如防风固沙、保持水土、改善人类的生存环境等，具有公共产品的性质。因此其经营除受外部自然因素影响外，还受国家政策、法律和人类生存的环境需要的影响，具有政策性和人为干预性。

第三章　公益林资产

公益林是以保护和改善人类生存环境、维持生态平衡、保存物种资源、科学实验、森林旅游、国土保安等需要为主要经营目的的森林、林木、林地。

第一节　公益林的分类

一、公益林按林种分类

公益林分为防护林和特种用途林两个林种，水源涵养林、水土保持林、防风固沙林、农田牧场防护林、护岸林、护路林、国防林、实验林、母树林、环境保护林、风景林、名胜古迹和革命纪念林、自然保护区林 13 个亚林种。

（一）防护林

防护林是以防护为主要目的的森林、林木和灌木林，包括水源涵养林、水土保持林、防风固沙林、农田牧场防护林、护岸林、护路林。

1. 水源涵养林

以涵养水源，改善水文状况，调节区域水分循环，防止河流、湖泊、水库淤塞，以及保护饮用水水源为主要目的的森林、林木和灌木林。具有下列条件之一者，为水源涵养林：

（1）流程在 500 千米以上的江河发源地汇水区，主流与一级、二级支流两岸山地自然地形中的第一层山脊以内。

（2）流程在 500 千米以下的河流，但所处地域雨水集中，对下游工农业生产有重要影响，其河流发源地汇水区及主流、一级支流两岸山地自然地形中的第一层山脊以内。

（3）大中型水库与湖泊周围山地自然地形第一层山脊以内或平地 1000 米以内，小型水库与湖泊周围自然地形第一层山脊以内或平地 250 米以内。

（4）雪线以下 500 米和冰川外围 2 千米以内。

（5）保护城镇饮用水源的森林、林木和灌木林。

2. 水土保持林

以减缓地表径流、减少冲刷、防止水土流失、保持和恢复土地肥力为主要目的的森林、林木和灌木林。具备下列条件之一者，为水土保持林：

（1）东北地区（包括内蒙古东部）坡度在 25°以上，华北、西南、西北等地区坡度在 35°以上，华东、中南地区坡度在 45°以上，森林采伐后会引起严重水土流失的。

（2）因土层瘠薄、岩石裸露，采伐后难以更新或生态环境难以恢复的。

（3）土壤侵蚀严重的黄土丘陵区塬面，侵蚀沟、石质山区沟坡、地质结构疏松等易发生泥石流地段的。

（4）主要山脊分水岭两侧各 300 米范围内的森林、林木和灌木林。

3. 防风固沙林

以降低风速、防止或减缓风蚀、固定沙地，以及保护耕地、果园、经济作物、牧场免受风沙侵袭为主要目的的森林、林木和灌木林。具备下列条件之一者，为防风固沙林：

（1）强度风蚀地区，常见流动、半流动沙地（丘、垄）或风蚀残丘地段的。

（2）与沙地交界 250 米以内和沙漠地区距绿洲 100 米以外的。

（3）海岸基质类型为沙质、泥质地区，顺台风盛行登陆方向离固定海岸线 1000 米范围内，其他方向 200 米范围内的。

（4）珊瑚岛常绿林。

（5）其他风沙危害严重地区的森林、林木和灌木林。

4. 农田牧场防护林

以保护农田、牧场减免自然灾害，改善自然环境，保障农、牧业生产条件为主要目的的森林、林木和灌木林。具备下列条件之一者，为农田牧场防护林：

（1）农田、草牧场境界外 100 米范围内，与沙质地区接壤 250～500 米范围内的。

（2）为防止、减轻自然灾害在田间、草牧场、阶地、低丘、岗地等处设置的林带、林网、片林。

5. 护岸林

以防止河岸、湖岸、海岸冲刷崩塌，固定河床为主要目的的森林、林木和灌木林。具备下列条件之一者，为护岸林：

（1）主要河流两岸各 200 米及其主要支流两岸各 50 米范围内的，包括河床中的雁翅林。

（2）堤岸、干渠两侧各 10 米范围内的。

（3）红树林或海岸 500 米范围内的森林、林木和灌木林。

6. 护路林

以保护铁路、公路免受风、沙、水、雪侵害为主要目的的森林、林木和灌木林。具备下列条件之一者，为护路林：

（1）林区、山区国道及干线铁路路基与两侧（设有防火线的在防火线以外）的山坡或平坦地区各 200 米以内，非林区、丘岗、平地和沙区国道及干线铁路路基与两侧（设有防火线的在防火线以外）各 50 米以内。

（2）林区、山区、沙区的省、县级道路和支线铁路路基与两侧（设有防火线的在防火线以外）各 50 米以内，其他地区 10 米范围内的森林、林木和灌木林。

（二）特种用途林

以保存物种资源、保护生态环境，用于国防、森林旅游和科学实验等为主要经营目的的森林、林木和灌木林，包括国防林、实验林、母树林、环境保护林、风景林、名胜古迹和革命纪念林、自然保护区林。

1. 国防林

以掩护军事设施和用作军事屏障为主要目的的森林、林木和灌木林。具备下列条件之一者，为国防林：

（1）边境地区的森林、林木和灌木林；

（2）军事设施周围的森林、林木和灌木林。

2. 实验林

以提供教学或科学实验场所为主要目的的森林、林木和灌木林，包括科研试验林、教学实习林、科普教育林、定位观测林等。

3. 母树林

以培育优良种子为主要目的的森林、林木和灌木林，包括母树林、种子园、子代测定林、采穗圃、采根圃、树木园、种质资源和基因保存林等。

4. 环境保护林

以净化空气、防止污染、降低噪声、改善环境为主要目的，包括城市及城郊结合部、工矿企业内、居民区与村镇绿化区的森林、林木和灌木林。

5. 风景林

以满足人类生态需求，优化美化环境为主要目的，分布在风景名胜区、各类公园、度假区、滑雪场、狩猎场及游览场所内的森林、林木和灌木林。

6. 名胜古迹和革命纪念林

位于名胜古迹和革命纪念地，包括文化遗产地、历史与革命遗址地的森林、林木和灌木林，以及纪念林、文化林、古树名木等。

7. 自然保护区林

各级自然保护区、自然保护小区内以保护和恢复典型生态系统和珍贵、稀有动植物资源及栖息地或原生地，或者以保存和重建自然遗产地为主要目的的森林、林木和灌木林。

二、公益林按事权等级分类

公益林按事权等级分为国家级公益林和地方级公益林。

（一）国家级公益林

国家级公益林是指生态区位极为重要或生态状况极为脆弱，对国土生态安全、生物多样性保护和经济社会可持续发展具有重要作用，以发挥森林生态和社会服务功能为主要经营目的的重点防护林和特种用途林。

（1）江河源头——重要江河干流源头，自源头起向上以分水岭为界，向下延伸20千米、汇水区内江河两侧最大20千米以内的林地；流域面积在10000平方千米以上的一级支流源头，自源头起向上以分水岭为界，向下延伸10千米、汇水区内江河两侧最大10千米以内的林地。其中，三江源区划范围为自然保护区核心区内的林地。

（2）江河两岸——重要江河干流两岸［界江（河）国境线水路接壤段以外］以及长江以北河长在150千米以上、且流域面积在1000平方千米以上的一级支流两岸，长江以南（含长江）河长在300千米以上、且流域面积在2000平方千米以上的一级支流两岸，干堤以外2千米以内从林缘起，为平地的向外延伸2千米、为山地的向外延伸至第一重山脊的林地。

重要江河干流包括：

① 对国家生态安全具有重要意义的河流：长江（含通天河、金沙江）、黄河、淮河、松花江（含嫩江、第二松花江）、辽河、海河（含永定河、子牙河、漳卫南运河）、珠江（含西江、浔江、黔江、红水河）。

② 生态环境极为脆弱地区的河流：额尔齐斯河、疏勒河、黑河（含弱水）、石羊河、塔里木河、渭河、大凌河、滦河。

③ 其他重要生态区域的河流：钱塘江（含富春江、新安江）、闽江（含金溪）、赣江、湘江、沅江、资水、沂河、沭河、泗河、南渡江、瓯江。

④ 流入或流出国界的重要河流：澜沧江、怒江、雅鲁藏布江、元江、伊犁河、狮泉河、绥芬河。

⑤ 界江、界河：黑龙江、乌苏里江、图们江、鸭绿江、额尔古纳河。

（3）生野生动物类型的国家级自然保护区以及列入世界自然遗产名录的林地。

（4）湿地和水库——重要湿地和水库周围 2 千米以内从林缘起，为平地的向外延伸 2 千米、为山地的向外延伸至第一重山脊的林地。

① 重要湿地是指同时符合以下标准的湿地：

——列入《中国湿地保护行动计划》重要湿地名录和湿地类型国家级自然保护区的湿地。

——长江以北地区面积在 8 万公顷以上、长江以南地区面积在 5 万公顷以上的湿地。

——有林地面积占该重要湿地陆地面积 50% 以上的湿地。

——流域、山体等类型除外的湿地。

具体包括：兴凯湖、五大连池、松花湖、查干湖、向海、白洋淀、衡水湖、南四湖、洪泽湖、高邮湖、太湖、巢湖、梁子湖群、洞庭湖、鄱阳湖、滇池、抚仙湖、洱海、泸沽湖、清澜港、乌梁素海、居延海、博斯腾湖、赛里木湖、艾比湖、喀纳斯湖、青海湖。

② 重要水库：年均降雨量在400毫米以下（含400毫米）的地区库容0.5亿立方米以上的水库；年均降雨量在400～1000毫米（含1000毫米）的地区库容3亿立方米以上的水库；年均降雨量在1000毫米以上的地区库容6亿立方米以上的水库。

（5）边境地区陆路、水路接壤的国境线以内10千米的林地。

（6）荒漠化和水土流失严重地区——防风固沙林基干林带（含绿洲外围的防护林基干林带）；集中连片30公顷以上的有林地、疏林地、灌木林地。

荒漠化和水土流失严重地区包括：

① 八大沙漠：塔克拉玛干、库姆塔格、古尔班通古特、巴丹吉林、腾格里、乌兰布和、库布齐、柴达木沙漠周边直接接壤的县（旗、市）。

② 四大沙地：呼伦贝尔、科尔沁（含松嫩沙地）、浑善达克、毛乌素沙地分布的县（旗、市）。

③ 其他荒漠化或沙化严重地区：河北坝上地区、阴山北麓、黄河故道区。

④ 水土流失严重地区：

——黄河中上游黄土高原丘陵沟壑区，以乡级为单位，沟壑密度1千米/平方千米以上、沟蚀面积15%以上或土壤侵蚀强度为平均侵蚀模数5000吨/年·平方千米以上地区。

——长江上游西南高山峡谷和云贵高原区，山体坡度36度以上地区。

——四川盆地丘陵区，以乡级为单位，土壤侵蚀强度为平均流失厚度3.7毫米/年以上或土壤侵蚀强度为平均侵蚀模数5000吨/年·平方千米以上的地区。

——热带、亚热带岩溶地区基岩裸露率在35%～70%之间的石漠化山地。

本项中涉及的水土流失各项指标，以省级以上人民政府水土保持主管部门提供的数据为准。

（7）沿海防护林基干林带、红树林、台湾海峡西岸第一重山脊临海山体的林地。

（8）前七款区划范围外，东北、内蒙古重点国有林区以禁伐区为主体，符合下列条件之一的。

① 未开发利用的原始林。

② 森林和陆生野生动物类型自然保护区。

③ 以列入国家重点保护野生植物名录树种为优势树种，以小班为单元，集中分布、连片面积30公顷以上的天然林。

（二）国家级公益林按保护等级分类

公益林按保护等级分三级。

1. 一级国家级公益林

（1）世界自然遗产地、国际重要湿地、国家级自然保护区、国家级森林公园、江河源头的林地。

（2）山体坡度长江以北36度、长江以南46度以上江河两岸的有林地、灌木林地。

（3）在重要水库周边和山体坡度长江以北36度、长江以南46度以下江河两岸，属于饮用水水源一级保护区（按照《饮用水水源保护区划分技术规范（HJ/T 338—2007）》标准确定）内的有林地、灌木林地。

（4）西南高山峡谷和云贵高原区山体坡度46度以上地区的有林地、

灌木林地。

（5）荒漠化和水土流失严重地区年均降雨量400毫米以下地区的有林地，以及覆盖度60%以上的灌木林地。

（6）沿海防护林基干林带、红树林、热带雨林。

（7）边境地区的有林地、灌木林地。

（8）东北、内蒙古重点国有林区未开发利用的原始林以及森林与陆生野生动物类型自然保护区。

2. 二级国家级公益林

（1）山体坡度长江以北36度、长江以南46度以上江河两岸的疏林地、未成林地。

（2）在重要水库和山体坡度长江以北36度、长江以南46度以下江河两岸，属于饮用水水源一级保护区内的疏林地、未成林地，不属于饮用水水源一级保护区内的有林地、灌木林地。

（3）国家重要湿地的有林地、灌木林地。

（4）台湾海峡西岸的有林地、灌木林地。

（5）边境地区的疏林地、未成林地。

（6）西南高山峡谷和云贵高原区山体坡度46度以下地区的有林地、灌木林地，以及山体坡度46度以上地区的疏林地。

（7）除西南高山峡谷和云贵高原区外，其他荒漠化和水土流失严重地区，年均降雨量400毫米以上地区的有林地、灌木林地，以及年均降雨量400毫米以下地区的疏林地、覆盖度60%以下的灌木林地。

（8）东北、内蒙古重点国有林区，以列入国家重点保护野生植物名录树种为优势树种、连片面积30公顷以上的天然林。

3. 三级国家级公益林

保护等级一级、二级以外的国家级公益林为保护等级三级的国家级公益林。

（三）地方级公益林

由各级地方人民政府根据国家和地方的有关规定划定，并经同级林业主管部门核查认定的公益林。

第二节 公益林资产

一、公益林资产的界定

（一）公益林资产界定条件

公益林资产即以公益林资源为物质内涵的资产。不是所有的资源都是资源性资产，作为资产的公益林必须同时具备三个条件：

（1）具有使用价值，经营者有经济效益，可作为经营对象的公益林；

（2）可用货币进行度量，可作为商品进行交换的公益林；

（3）权属明确，为某一经济法律关系主体所占有，并实施有效控制的公益林。

据此现实公益林仅有一部分可界定为森林资产，而相当一部分仍处于资源状态，只能按资源进行管理。

（二）公益林资产构成

公益林的资产由林地资产、林木资源资产、其他森林资源资产和森林生态效益补偿基金等构成。

1. 公益林的林地资产

公益林的林地资产生态区位极为重要或生态状况极为脆弱，对国土生态安全、生物多样性保护和经济社会可持续发展具有重要作用。公益林林地只有在通过相应级别的林业主管部门核准、备案后，才可以作为资产进行承包、转包、租赁、转让、拍卖、协商、划拨、作价入股及作为合资合作条件等形式流转使用权。

2. 公益林的林木资源资产

二级三级国家级公益林可以进行抚育和更新性质的采伐，使部分公益林林木资源资产化。

3. 其他森林资源资产

二级三级国家级公益林在不破坏生态功能的前提下，可以依法合理利用林地资源，开展适度的森林经营活动和非木质森林资源培育与利用。

科学确定生态承载容量、经营规模和经营形式，开展森林游憩项目，进行适度的森林经营活动。

采用现有成熟技术，确定科学培育利用的方式、强度和规模，培育与利用公益林内蕴藏的山野菜、食用菌等绿色食品及中草药材和非保护动物等非木质森林资源。

4. 森林生态效益补偿基金

森林生态效益补偿基金是对公益林林地中的有林地，以及荒漠化和水土流失严重地区的疏林地、灌木林地、灌丛地，管护者发生的营造、抚育、保护和管理支出给予一定补助的专项资金，于公益林专职管护人员的劳务费或林农的补偿费，以及管护区内的补植苗木费、整地费和林木抚育费。

二、公益林资产的特点

由于经营目的的特殊性，决定了公益林资产的特点。

1. 公益林种类的多样性

由于生态环境的多样性，导致了公益林种类的不同。各类公益林界定条件的不同，使公益林的价值各异。在公益林资产评估中必须对各类公益分别进行测算与评估。

2. 产品效益的公益性

公益林是以发挥其生态防护效能为主要目的，并以公益效能作为产品形式。这种产品缺乏商品属性，属于公益性质的产品，它的效益自动外溢，享用者无须通过经营就可享用它的效益，以致经营者通常很难从享用的单位或个人处获得使用其公益产品的经济补偿。

3. 生产成本的社会性

公益林经营的生产成本全部或部分由国家给予资助，如“六大”林业生态建设工程均为国家财政出资建设。

4. 经营的强制性

国家对公益林经营的特点、范围、方式都以法规的形式明确地加以规定。将以规定地段的森林强制划分为公益林，强制这些森林的所有者按公益林经营的方式进行经营。

5. 森林生物群落的脆弱性

公益林资源大部分分布在生态环境较为恶劣的地区。在这样恶劣的生态环境中，森林的植物群落结构简单，森林的生态系统极不稳定，病、虫、鼠害极易大发生。

6. 公益林成熟确定的复杂性

公益林成熟是经营公益林中确定其更新采伐时间的极重要的经济技术指标，防护成熟龄是指林木的防护效能开始下降的年龄。但要测公益林效能的变化过程及其开始下降的年龄来确定公益林成熟龄则十分困难，加上公益林的种类多，效益计量各不相同，其测定方法各异，这又增加了防护成熟确定的复杂性。

第四章　商品林资产

商品林是以生产木材、竹材、薪材、干鲜果品和其他工业原料等为主要经营目的的森林、林木、林地。

第一节　商品林的分类

商品林包括用材林、薪炭林和经济林3个林种，短轮伐期工业原料用材林、速生丰产用材林、一般用材林、薪炭林、果品林、食用原料林、林化工业原料林、药用林和其他经济林9个亚林种。

一、用材林

以生产木材为主要目的的森林和林木。包括短轮伐期工业原料用材林、速生丰产用材林和一般用材林。

（1）短轮伐期工业原料用材林：以生产纸浆材及特殊工业用木质原料为主要目的，定向培育的森林、林木和灌木林。

（2）速生丰产用材林：通过使用良种壮苗和实施集约经营，缩短培育周期，获取最佳收益，生长量达到相应树种速生丰产林指标要求的森林。

（3）一般用材林：其他以生产木材和竹材为主要目的的森林、林木。

二、薪炭林

以生产热能燃料、原料为主要经营目的的森林、林木和灌木林。

三、经济林

以生产果品，食用油料、饮料、调料，工业原料和药材等为主要目的的林木。包括果品林、食用原料林、林化工业原料林、药材林和其他经济林。

（1）果品林：以生产各种干、鲜果品为主要目的的森林、林木和灌木林。

（2）食用原料林：以生产食用油料、饮料、调料、香料等为主要目的的森林、林木和灌木林。

（3）林化工业原料林：以生产树脂、橡胶、木栓、单柠等非木质林产化工原料为主要目的的森林、林木和灌木林。

（4）药用林：以生产药材、药用原料为主要目的的森林、林木和灌木林。

（5）其他经济林：以生产其他林副、特产品为主要目的的森林、林木和灌木林。

第二节　商品林资产

一、商品林资产的界定

大部分商品林资源可以界定为商品林资产，但不是所有的商品林资源都是资源性资产，商品林资源存在下列两种情况之一者不能作为商品林资产：

（1）产权关系不明确的；

（2）经营主体无法进行事实上有效控制的。

二、商品林资产分类

商品林资产分为用材林资产、薪炭林资产、经济林资产和其他森林资源资产。

（1）用材林资产，是森林资源中以生产木材为主要目的的部分，是林业产业经营的主要对象，也是森林资源中面积最大、蓄积最多部分。

（2）薪炭林资产，是指以生产薪炭材和提供燃料为主要目的的林木（乔木林和灌木林）。薪炭林是一种见效快的再生能源，没有固定的树种，几乎所有树木均可作燃料。通常多选择耐干旱瘠薄、适应性广、萌芽力强、生长快、再生能力强、耐樵采、燃值高的树种进行营造和培育经营，一般以硬材阔叶为主，大多实行矮林作业。

（3）经济林资产，是指利用树木的果实、种子、树皮、树叶、树液、树枝、花蕾、嫩芽等等，以生产油料、干鲜果品、工业原料、药材及其他副产品（包括淀粉、油脂、橡胶、香料、饮料、涂料及果品）为主要经营目的的资产；是有特殊经济价值的资产。

（4）其他森林资源资产。林内蕴藏的山野菜、食用菌等绿色食品、中草药材和非保护动物，以及森林的游憩功能开发利用等。

三、商品林资产的特点

商品林作为一种特殊的商品，除了有着同一般商品相同的属性外，还具有一些不同的特性：

（1）商品林是一种商品，同时又是一种可再生的自然资源，产品的形成不仅仅是生产要素的投入，而更多的是生产要素和自然力共同作用的结果，商品林生产活动具有高度的空间开放性和不确定性。

（2）商品林是一种资产性财产，具有明确的产权界定和财产权利，它需要有确定的产权和相对固定的经营主体作为利益归属的根据，因此商品林资源须由财产法律制度保护和调整。

（3）商品林经营和保护还有巨大的环境外部性，例如保持水土、涵养水源、防止和削减自然灾害的功能，由此作为环境资源而成为环境保护法、自然资源保护法等公法的调整对象，具有非私有产权的性质。

（4）商品林资源作为土地资源的附着物，林、地两者不可分离，其财产权的实现受土地产权性质的制约，例如林木多元所有权和林地公共单一所有权可以相互独立存在，以林地经营权作为私人林木所有权的保障，但是，两者在优先权方面经常产生矛盾，林地资源的优先权往往制约林地资源的市场化自由流转，以致限制了商品林资源在不同行业和不同区域的自由配置，给商品林资源市场化经营带来不少困难。

（5）商品林产品的生产具有周期长，集约化经营需要较大的产品规模以及延伸产业链条，投资规模大，具有自然垄断的某些特征。商品林资源企业经济效益受到国家环境保护政策的制约，外部效益明显，效益内部化经济成本过高，预期比较效益相对较低，行业整体竞争力和经济吸引力相对较弱，产业的发展需要政府公共政策的关照和优惠。

（6）商品林资源是一种固定资源，在采伐利用之前，商品林资源不可能像其他商品一样随着产权的变动而发生地理位置上的移动，在这种情况下，商品林资源产权的变动只能是权利的移交而非实物的移交，异地经营或委托专业化经营比较普遍。

（7）现行林产品管理体制下，林产品还是一种特殊的商品，商品林资源不可能像普通商品一样可以按照经营主体的个人意愿自由采伐和利用，这种公共权益与私人产权之间的矛盾，使得商品林经营者难以按照市场需求的变化自由的组织生产和配置市场资源。

第五章　竹林资产

竹类属单子叶植物纲，禾本目，竹亚科的植物，它是世界上生长最快的植物，其笋可食用，杆可做用材或编织，其产量高，用途广，经济效益十分显著，而且竹林的采伐对生态破坏小。竹子的经营利用已引起世界各国的广泛重视，竹子根据其有无竹鞭，可分为散生竹、丛生竹和混生竹三大类。我国竹子中以散生竹的分布最广，数量最多。散生竹中仅毛竹一种就占了全国竹林面积的70%，其分布在黄河流域以南，东起台湾，西至云南，南起海南，北至河南南部和安徽北部。

第一节　竹林资产的分类

我国竹种资源丰富，竹林类型也是多种多样。本节所介绍的只是较常见且在生产中价值较高的代表性类型。

一、箭竹林

箭竹林是我国西南地区常见的一个竹林类型，种类繁多，主要分布于滇西北、川西、藏东南等高山和亚高山针叶林区，海拔2000～3800米，这些地区夏季较短，冬季常有积雪，云雾多湿度大，具有亚高山的气候特点。在哀牢山、无量山、高黎贡山以及滇中高原山地上部的阔叶林区也有分布。

箭竹多为小型至灌木状竹类，地下茎合轴型，由于秆柄常延长成假鞭，故秆成散生状或稀丛状。因其节间表面光滑，人们常以“滑竹”相称。其林分结构简单，多为单种，或 2 ~ 3 种不同组成混交状，密集成片，生长于云、冷杉林下，构成森林下层，也可在此上部形成高山箭竹灌丛。平均高 2 ~ 3 米，径粗 1 ~ 2 厘米；秆形较大的种类高 4 ~ 5 米，粗 2 ~ 4 厘米。云南中甸海拔 3400 米的云杉林下，箭竹高 6 米，粗 2. 5 厘米，每公顷有活秆 32170 根，枯笋 12400 根，新笋 6200 根，合计 50000 根/公顷。箭竹在四川境内主要分布在盆地北缘大巴山地区以及川西、川南山地；海拔 1600 ~ 3800 米，为常绿与落叶阔叶混交林，或亚高山针叶林遭破坏后，在采伐迹地或疏林下形成的次生植被，故常残存有云杉、冷杉、铁杉以及一些阔叶树种。

二、毛竹林

毛竹是我国亚热带主要竹种，又名“楠竹”、“孟宗竹”“江南竹”、“茅竹”。分布于我国长江流域及南方各省，是我国人工竹林面积最大，用途最广，开发和研究最深入的优良经济竹种。东起台湾，西至云南，南自广东、广西，北至江苏安徽北部，河南南部都有分布，在山地、丘陵和平原地区都能生长。从平原到海拔 500 米左右都有大面积毛竹林，偏南地区垂直分布可在海拔 1200 米左右。

毛竹林的林下植被有油茶、拎本、姜子、鹅掌楸、山矾、悬钩子、紫金牛、柔毛绣球、木荷、丝栗拷等，以及禾本科、莎草科等草本植物和蕨类植物。

三、金竹林

金竹又称灰金竹、白夹竹（四川）、粉金竹等。分布长江流域各省，西南地区亦广为栽培。金竹喜温凉气候，在滇中地区主要分布在海拔 1600 ~ 2100 米的坝区和半山区。

金竹林均系人工经营，因此都是单层纯林。立地条件的差异，经营水平的不同，竹林的密度和生长状况都不相同。未进行经营的竹林，很少采伐利用，密度很大，枯立竹多，生长较差；没有科学经营的竹林，立竹稀疏，所留竹竿较细，林内杂草、灌木丛生，竹林生长亦较差；集约经营的竹林平均高可达15米或更高，胸径5～10厘米。

金竹林林分平均胸径一般在6.0厘米左右，最粗可达12厘米，但密度偏低，每公顷很少超过1万根。在同一林分中，各植株间的高度变化幅度低于直径变化，最大和最小的高差通常不超过两倍，林内立竹较林缘为高，同一龄级内最低和最高植株的高差则小于林分内不同龄级间的差异。由此可见，林分平均高愈高，立竹高度变化幅度也愈小，枝下高也愈大。因此竹林各龄级间平均高，是评定竹林经营质量的指标。

金竹林产量的高低在很大程度上决定干新竹的数量和质量，因此竹林的年龄结构也是经营上要注意的一个重要问题。

金竹林在无人管理的状况下，林内也常出现一些乔木树种，有的高出竹林冠层之上，呈“岛状”分布，乔木因地区不同种类也有很大差异。

四、慈竹林

慈竹别名茨竹（贵州），甜慈、酒米慈、钓鱼慈（四川），丛竹（云南），吊竹（广西）、子母竹，我国西南亚热带地区栽培最广的丛生竹类，分布于陕西秦岭南坡、湖北、湖南、广西，四川、贵州海拔1000米以下的村寨周围也有，是当地广植并且用途最广的竹类。在云南由于纬度较低，常分布海拔在1600～2000米的滇中坝区，滇西北则海拔2400米也有零星分布。昆明向南，慈竹的栽培逐步减少而为绵竹所代替，到了海拔1200米以下的南部坝区慈竹较少。

慈竹是一个适应性很强的竹种，它喜温凉湿润的气候条件，但又具有较强的耐寒和抗旱性能，它在适当荫蔽的地方生长最好，在土质干燥的地方也能正常生长。

五、粉单竹林

粉单竹别名单竹，是两广及湖南、福建部分地区广泛栽培的优良竹种，具有生长快、成林快、伐期短、适性强、繁殖易等特点。其垂直分布最高可达海拔500米，海拔300米以下的缓坡地、平地和河谷两岸生长为佳，无论在酸性土或石灰质土壤上均可正常生长，其分布区年均温18.9~20.0℃，年降水量999.1~2136毫米。

粉单竹林多为人工栽培的纯林，秆直立，鞭梢部弯曲，高8~12米，直径4~7厘米，林相整齐，结构单一，林下植物稀少，常见的有野牡丹、华山矾、古羊藤等。

粉单竹林产量较高，一般每公顷每年产竹材10~12吨，丰产林30~75吨。秆壁较薄，节平而疏，节间长可达100厘米，篾用竹种之一，亦为上等造纸原料。

六、方竹林

方竹别称方苦竹、四方竹、四角竹，现知19种，分布于江苏、安徽、浙江、江西、福建、台湾、湖南、重庆、广东和广西等省份。方竹林常以下木层形式成片出现于山地常绿阔叶林中。

七、黄竹林

黄竹别名埋桑，分布在热带北缘的低海拔地区。主要分布于云南澜沧江下游流域的西双版纳、思茅、临沧、红河等，海拔550~800米的低热河谷地区，在地理区划上属于滇南热带季雨林区。

该区黄竹组成大面积天然纯林或混交林，其适生气候为年均温19.8~21.5℃，年日照时数1862~2153小时，年降雨量1270~1533毫米。

八、沙罗竹林

沙罗竹别名沙罗竹、罗竹、薄竹、湿竹，集中分布于滇东南及两广部分地区，常分布于海拔500米以下的沟谷两侧。其分布区属热带季风型气候，热量充足，雨量充沛。年均温22.6℃，年雨量1777.1毫米，相对湿度85%。

第二节　竹林资产的特点

竹林是一个特殊的树种，在森林法中，竹林归入用材林，但由于竹林的特殊性，竹林的调查方法和计量单位均不同于一般用材林。竹林资产不仅调查方法和计量单位与一般用材林不同，而且在经营上，资产本身的性质上有其特殊之处。它主要的特点有以下几点。

一、竹子生长快，周期短

竹子生长速度极为迅速，其竹笋从出土到长成时间很短，如毛竹这样的大径竹种最长也仅需50～60天，一些小径竹种仅需15～30天，生长快时一昼夜可长1米左右。这以后竹子的高径就基本上不发生变化，仅是内部竹材质地发生变化。竹林的成熟期较长的毛竹也近6～8年，而其他小径竹多为3～4年，是林业中经营周期最短的树种。

二、竹林资产的产量高，经济效益好

竹林资产都是一些高产量、高效益的竹种竹林。以毛竹为例，经营好的毛竹林每公顷可年产竹材20～30吨，笋25～30吨，仅竹材产量就大大超过速生丰产标准，加上笋的产量，竹枝、竹箨的利用，经营最充

分的毛竹林年产值高达 3. 0 万 ~4. 5 万元/公顷。其他竹林像麻竹、绿竹经济效益也极为可观，经营得法的竹林，仅竹笋每公顷可达 15 吨以上，产值也可达每公顷 2 万 ~3 万元以上。通常，一般竹林只要稍加管理，其每公顷产值均可超过 4500 元以上。年投入和产出比一般都在 2 以上，大大超过了其他林种的产值。

三、竹林的采伐对生态破坏小

竹林一般都采用单株择伐，要求砍老留幼、砍密留稀、砍大留小、砍弱留强。它分为连年择伐或隔年择伐。以毛竹为例，连年择伐一般采伐强度不超过 16%，隔年采伐一般不超过 30%。而且竹子的口径较小，小径竹的胸径不过 2 ~3 厘米，大径竹最大的也不超过 20 厘米，树冠小，竹竿及枝条柔韧，采伐时不易压坏相邻竹和地被物，择伐后林相仍很完整，地被物无显著变化，对生态环境破坏小。

四、竹林的更新能力强，垦复容易

竹子的根系有很强的分生繁殖能力，散生竹林如毛竹有在土壤中横向生长穿透能力很强的竹鞭，竹鞭既是养分贮存和输导的主要器官，又是有很强分生能力的器官。采伐后，无需人工更新，只要护笋养竹，就有足够的新竹形成。在有竹种的地方，仅须稍加垦复，就可迅速成林。对于丛生竹林来讲，它没有横向发展的竹鞭，但它的杆基、杆柄具有很强的分生繁殖能力，采伐后也不需要人工更新。

五、部分竹林有大小年的特点

在竹林中一些竹种的大小年十分明显，如竹子中面积最大的毛竹，一年大量发笋长竹，一年换叶生鞭，交错进行，每两年为一个周期，发笋养竹的那一年称大年，换叶生鞭的那一年称小年。在经营粗放的毛竹林中大小年明显，大年挖笋，小年砍伐，笋和竹林的产量波动较大。经营集约的毛竹林，林中的大小年竹数量相当，林分的大小年不明显，竹林的产量较稳定，称花年毛竹林。其他竹种的竹林大多数没有明显的大小年。

六、竹林的调查技术和计量单位都较特殊

竹林调查方法和计量单位与一般的用材林不同，竹林调查大多采用样圆法进行，不仅要调查胸径、树高、株数，还要调查均匀度、整齐度等特殊项目。其数量按百株统计，而出售经常以重量（吨）计，笋产量也是以重量（吨）计。

七、竹林具有异龄林的性质

竹林是典型的异龄林，它具有异龄林的一些基本性质，如林地资产的价值与其上生长着的竹子资产不可分割，林地和采伐后留下的竹子共同构成一个具有巨大生长力的固定资产，所以无法用土地期望价来计算其土地价格。笋和竹林的产量是以年为单位连续而不间断，其择伐周期为1~2年，择伐周期一年的称为连年择伐，择伐周期为两年的称隔年择伐。

八、竹林的经营要求高投入

竹林的产量高，每年从竹林土地上取走的干重多的每公顷达数吨（鲜重数十吨），如此大的地力消耗须补充，在集约经营的竹林中，每年都需要大量的施肥，其成本投资十分高昂，当然也有粗放经营的、低投入、低产出的竹林。

第六章　森林景观资产

森林是陆地上生态系统的重要构成部分，孕育了人类的生命，是人类生命和人类发展的摇篮。森林具有多种效用与功能，总体可以归纳为两类，即经济效益和生态效益。经济效益是指人类经营森林而获得的产品（含木材和其他林产品等）及服务在市场上交易获得的利益；生态效益是指森林对人类生存环境系统有序结构的维持和动态平衡保持方面的效益，包括调节气候、涵养水源、改良土壤、减少灾害、保存物种等，因此，森林资源控制主体获得的经济效益亦可以由生态效益转化而来。

在我国，山地面积占国土面积的69%，林地面积占29.8%，湿地面积占4%；在森林里，有各种珍奇的动植物资源，有高等植物3.2万种，树木2800多种，如银杉、珙桐、大熊猫、金丝猴、扬子鳄等许多动植物，都是具有极高观赏价值和科学价值的物种资源；林区有各种奇山、怪石、奇花、异草和奇特洞穴，有溪、河、湖泊、瀑布、泉水、池塘、漂流河段、风景河段等水域景观资源，有变幻无穷的气象景观、舒适宜人的气候等，所有这些，都是重要的自然旅游资源。在森林区域内不仅蕴藏着丰富的森林资源、绚丽的森林景观，更有高山、峡谷、冰川、溶洞、沙漠等地质地貌景观，瀑布、温泉、河流等水文景观，以及我国5000年来深厚的历史文化积淀、56个民族文化有机结合，形成了优美而多样的森林风景资源和生态文化特色。森林环境优美，空气新鲜，气候舒适，空气中负氧离子含量较高，是天然氧吧，能陶冶情操、消除疲劳，是促进身心健康的良好场所，这对生活在紧张、喧闹和污染的大城市中的人极具吸引力。开展森林旅游可以在保护环境资源的同时丰富人们的精神生活，产生巨大的经济效益和社会效益。

伴随着经济的高速发展，全球人口的迅速膨胀，特别是进入 20 世纪以后，城市化进程逐渐加快，据统计，1920 年时城市人口只占全球总人口的 14%，到 1980 年这一比例达到了 40%，到 2007 年世界上已有 33 亿人生活在城市，超过了全球人口总数的 50%（法国一项研究报告）。城市化进程一方面发展了生产力，提高了人民的物质生活水平，另一方面也对人的生理、心理、生活改善等产生了负面影响。同时，住宅用地、高尔夫球场、游览区和疗养度假区等土地的大规模开发利用，造成森林面积减少，城市生活环境质量下降。随着提高生活质量、返璞归真、寻找绿色世界等要求的日益迫切，森林作为陆地生态系统的主体和人类生存的重要环境资源也日益为世人所关注。纵观全球，1992 年世界环境与发展大会提出“可持续发展”的新发展理念后，各个国家都在反省社会生产力发展与资源衰竭、环境恶化、生态失衡之间难以调和的矛盾，都在争取各种有效的措施使社会经济发展从非可持续性状态回到可持续发展的良性轨道上来。同时，森林所特有的改善生态环境和人类生命支撑系统的功能也日益为有识之士所共识。越来越多的人已把目光从森林具有林木生产的商品机能转而投向其保健修养、户外教育、水源涵养、固氮制氧等更为重要的社会公益机能，研究森林所赋予人类的“趣”和“味”，研究森林文化的内涵和实质，并以此为目标进行充分发挥其多功能所要求的树种搭配、规划设计及科学管理等。

从 20 世纪 50 年代开始，森林游憩业（forest recreation）首先在以美国为代表的一些经济发达国家全面兴起，并对国家和社会经济的影响越来越大。比如，20 世纪 80 年代，美国野外游憩消费多达 3000 亿美元，人均 1/8 的收入都花在野外游憩上。

从国际旅游环境看，现代旅游的发展趋势，即以森林旅游为主体的生态旅游越来越受到世界各国的重视。美国92%以上的林地（包括共有林地和私有林地）都开展户外游憩，每年参加户外游憩的人数高达20亿人次，几乎是美国人口总数的10倍；在法国，每年到森林中的旅游者达6亿人次，城市中60%的家庭每年至少到森林中旅游一次；德国提出了“森林向全民开放”的口号，每年森林游憩者近10亿人次；英国每年森林旅游人数在1亿人次以上。世界上发展森林旅游较早的拉丁美洲，森林旅游已占到整个旅游收入的90%以上。据调查，现已有30% ~40%的游客开始舍弃滨海而转向森林。有专家预测，在21世纪最初的20年里，森林旅游人数将以两位数百分比增长，全球旅游总人数中将有一半以上的旅游者要走进森林。

森林景观是森林游憩业可持续发展的物质基础和旅游生产力的潜力，没有森林景观的支撑就没有森林旅游的发展。自从1982年湖南张家界建立了第一处国家森林公园以来，我国以森林景观为欣赏主体的载体——森林公园发展势头十分迅猛，森林旅游业已经成为中国林业的新兴产业。按照国家林业局2009年年中国国土绿化状况公报披露的资料，至2009年底我国全国森林公园总数达到2458处，总面积达到1652万公顷。全国林业系统自然保护区总数达到2012处，总面积达到1.23亿公顷，占国土面积的12.8%。2009年全年森林公园共接待游客3.3亿人次，占国内旅游总人数的17%，增长20%；直接旅游收入219亿元，增长21%，均高于国内旅游涨幅（分别为11%和16%），带动社会综合旅游收入近1800亿元。森林旅游产业快速增长，已经成为我国国民经济发展中的重要力量。

根据世界和我国林业经济发展趋势和产业结构调整的要求，为了推进林业产业结构调整，更好地发挥森林多功能效益，在实施森林资源资产化管理改革中，原林业部与国家国有资产管理局在研究起草《森林资源资产评估技术规范》中，首次将森林景观资产划分为一类特殊资产。

第一节　森林景观资源概述

一、森林景观资源

景观一词最早源于《圣经》，英文表达为 Landscape，其最早被用来描绘耶路撒冷所罗门王子的神暇，以及具有神秘色彩的皇宫和庙宇。15 世纪中叶，西欧的艺术家从风景油画的角度把景观定义为透视中所能见到的地球表面的景色。到了 19 世纪初，德国的 A. Von. Humboldt 首先把“景观”这一概念引入科学中来，后来，景观的概念就在各学科中开始广泛应用，并且形成了各学科特色的“景观”定义。地理学上将景观定义为是地球表面气候、土壤、地貌、生物各种成分的综合体。景观生态学认为，景观就是空间上彼此相邻、功能上互相有关、发生上有一定特点的若干个生态系统的聚集；景观工程和控制论的理解认为，景观是彼此相互作用、相互制约，并且有反馈联系的现象的组合；美学上认为，景即是以自然环境为主（也包括人工环境）的客观世界表现的一种信息，观是这种形象信息通过人们的感官（视觉、听觉、嗅觉、味觉）传导到大脑皮层，产生一种实在的感受，或者产生某种联想与情感，因此，景观就可以理解为客观世界的形象信息与主观世界的感受。根据以上的定义，我们不难看出，通常所说的森林景观的涵义比较接近地理学与美学上的概念，可以理解为：森林景观是以一定的森林群落为主，与相关的气候、土壤、地貌、生物各种成分所形成的一种综合体，并能够表现为客观世界的特定形象信息，反映到人的主观世界中来，为人们所观看、欣赏、游览。

森林景观资源是以森林资源及森林生态环境资源为主体、其他自然景观为依托、人文景观为陪衬的、对旅游者能产生吸引力的各种物质和因素，主要包括森林自然景观资源（林景、山景、水景、天象景、古树名木、奇花异草、珍稀动植物）、森林生态环境资源、森林人文景观资源（文物古迹、民族风情、地方文化、艺术传统）三大类。其载体主要有：森林公园、风景林场、植物园、生态公园、森林游乐区、以森林为依托的野营地、森林浴场、自然保护区或类似的旅游地等。

我国地域辽阔，从南到北跨越了热带、亚热带、暖温带、温带和寒温带等5个气候带，从东到西横跨了平原、丘陵、山地、高原等多种地貌类型，这些特有的气候和地貌类型形成了不同的水热条件组合，孕育了丰富而绚丽多彩的森林景观资源。

森林里的各种珍奇动植物资源中，有高等植物3.2万种，树木2800多种，例如银杉、珙桐、大熊猫、金丝猴、扬子鳄等许多动植物，都是具有极高观赏价值和科学价值的物种资源，林区有各种奇山、怪石、奇花、异草和奇特洞穴；有溪、河、湖泊、瀑布、泉水、池塘、漂流河段、风景河段等水域景观资源；有变幻无穷的气象景观，舒适宜人的气候等，所有这些都是重要的自然旅游资源。我国现有森林面积约1.34亿公顷，森林景观资源十分丰富，从西双版纳的热带雨林到东北北部的寒温带针叶林，从沿海的红树林到天山北坡的泰加林，再加上众多民族的不同风情和悠久的历史文化，为我国森林旅游事业发展提供了极为有利的条件。

我国森林景观资源的发展前景也较为乐观。根据中华人民共和国1996—2050年全国生态环境建设规划，到2050年，全国森林覆盖率将增加到26%以上。森林面积的增加，尤其是防护林面积的增加，将会形成更多风景优美的旅游胜地，森林景观资源将大幅度增加。

二、森林景观资产

对森林景观进行定义，可以有两种选择。一种是广义的定义，可以把具备了景观价值的，无论其森林景观被人们所利用或尚未被利用的森林资源，均统称为森林景观资源。在广义定义下，森林景观资源的范围应包括各种自然的或人工栽植的森林、草原、草甸、古树名木、奇花异草等植物景观，地质地貌景观，水域景观，珍稀野生动物及其他生物资源形成的景观。凡属于依托森林及由森林形成的特有小气候而综合形成的风景资源都应该属于森林景观资源的范畴。另一种是狭义的定义，即只有具有开发利用价值的森林景观定义为森林景观资源。由于本书的特点，在此取其狭义定义。

按照本书前述的理论界定，可以对森林景观资产进行定义，即：森林景观资产是指通过经营能带来经济收益的森林景观资源，主要包括风景林区、森林休憩地、包含名胜古迹的林地与包含古树名木的林地等。森林景观资产的载体主要有：森林公园、植物园、生态公园、为旅游开发的林场、自然保护区等森林旅游地。它包含了以下两大属性。第一，森林景观资产必须是依托森林景观资源而发展形成的，是以森林景观资源为基础的。在森林资源具备了游览、观光、休闲等价值的时候，便形成了森林景观资源；在森林具有了景观特色，具备了开发利用价值的时候，便形成了森林景观资产的物质基础。第二，森林景观资产是通过人们合理经营形成的。森林景观资产经过合理的开发和经营活动，只有为人们带来经济利益，才能够成为森林景观资产。

第二节　森林景观资产的特点

森林景观资源是具有游览、观光、休闲等价值的森林资源；森林景观资产则是指通过经营预期会带来经济利益的森林景观资源。森林景观资产是通过森林自然景观、生态环境与人文资源互相陪衬、互相烘托产生综合效益，因此，森林景观资产既包括实物资产，也包括无形资产。

森林景观资产的特征主要包括其自然特征和经济特征。首先，森林景观资产最基本的特征是对旅游者的吸引力，能为旅游业开发利用并能产生经济效益、社会效益和环境效益。可以说，旅游经济本质上是吸引力经济，具有吸引力才具有价值。其次，森林景观资产的自然特征体现在其所具有的观赏性、稀缺性、不可移动性、多样性、变异性等方面。最后，森林景观资产的经济特征主要包括所有权的不可转移性、不可分割性与消费的非排他性，以及可重复消费性等。一般来说，森林景观资产的特征可以从自然特征和经济特征两个方面来阐述。

一、森林景观资产的自然特征

1. 景观存在的差异性

森林生态系统是陆地上最大的生态系统，森林资源的分布极为广泛，森林及其环境要素的构成十分多样，因此，某一地域的森林景观资产与另一地域的在结构、内涵与景象上都有许多不可比拟之处，景观的差异性往往是普遍的现象。

2. 景观再生的长期性

森林景观资产的主体是森林资源。根据森林生长的规律，森林景观形成的年份少则数年，多则数十年，有的森林景观甚至需要上百年的时间，因此，森林景观资产的培育和改造是一项期限较长的工作。

3. 景观功能的多样性

森林景观资产的组成多样，结构复杂，形态各异，这些决定了它的功能的多样化。森林资源除了具备吸收二氧化碳、释放氧气、吸收粉尘、保持水土等功能外，还可以为人们提供较为适宜的森林生态环境、较高的美学享受和精神愉悦，这些功能和作用正是社会经济的相关行业部门，特别是现代旅游业，进行开发利用的根本所在。

4. 珍稀野生动植物品种多样性

在森林景观资源集中的森林公园和自然保护区范围内，一般森林覆盖率达85%～98%，由于保护好，受破坏干扰的程度较少，环境适宜，保存的珍稀野生动植物种类比较多。据统计，在已建立的森林公园范围内，有珍稀植物100多种，有保护动物近100种，是多物种的自然基因库。自然保护区范围内物种的数量就更多了。

5. 广泛的适应性

森林景观资源优越的地方，往往集雄、奇、险、秀等自然风光，灿烂的历史文化，淳朴的民俗风情及得天独厚的生物气候资源于一体。因此，森林游憩的形式多种多样，融合休闲、猎奇、求知、求新、健身、陶冶情操和激发艺术灵感等诸多内容，在很大程度上满足现代旅游者多样化的心理要求。

二、森林景观资产的经济特征

1. 稀缺性

虽然森林景观资产丰富多样，但相对于大量的旅游需求，不仅每一种森林景观资产数量有限，就是所有森林景观资产的总量也显得远远不足。

2. 不可转移性

森林景观资产的不可转移性包括以下两个方面。一是地域的固定性。自然型森林景观资产一般都具有地理位置的不可移动性，因此，旅游者必须到森林景观资产所在地才能进行游览消费。二是所有权的不可转移性。旅游者交费游览，购买的是游览观赏权，而不是像一般商品那样，消费者花钱购买的是所有权，因此，旅游者不可将森林景观资产据为己有并带回家去。

3. 不可分割性与消费的非排他性

森林景观资产的消费只能在保持完整性的前提下，由众多的旅游者共同享受，而不能像一般的商品那样分割为可以计价的单位进行销售。同时，对某森林景观资产来说，一个旅游者的游览消费，通常不会影响其他旅游者的同时游览。因此，森林景观资产具有一定程度的公共物品的特性。

4. 可重复消费性

由于具有上述三个特点，从消费的角度看，森林景观资产可以被不同的消费者和相同的消费者重复消费。

5. 经营的可持续性

经营者或所有者遵循一个基本原则，即在森林旅游或森林游憩过程中，不损害景观资源和环境，仅从中学习各种知识，获得身心舒畅和享受。因而，在科学管理的前提下发展森林游憩，能对生态保护产生积极作用，真正做到保护环境与发展经济相结合。同时，森林属于可再生的资源性资产，森林资源消耗可以通过合理的经营，采用科学的森林经营利用措施而得到补偿。当森林景观资产遭受自然灾害和人为破坏时，在科学、合理的经营下是可以降低损耗的，即使是遭受损耗，也可以在人工干预下实现再生与恢复，在物质基础上较容易实现永续性的经营，因此，森林景观资产在一定程度上也具有永续性的特点。

6. 自然景观与人文景观紧密的结合

天下名山众多，佛道等宗教活动场所多在山上，而山上又正是森林植被、森林资源丰富的地方，两者紧密结合，自然景观和人文景观互相烘托，提高了景观资产质量。如泰山、黄山、庐山、峨眉山被称为“四大名山”；泰山、华山、嵩山、衡山、恒山被称为“五岳”；峨眉山、五台山、普陀山、九华山号称“四大佛教圣地”；五台山、青城山、武夷山、龙虎山号称“道教名山”，它们均是人文古迹与自然山林地貌紧密结成一体的代表。另外，一些少数民族与大森林和谐共处，爱林护林，无论是村寨建筑、生活习惯、民俗节庆，都与森林密不可分，创造出独具特色的森林文化，极大地丰富了森林景观资产的内容，提高了旅游价值和社会经济效益。

7. 中国森林景观资产除具备旅游开发价值以外，其他功能价值同样不可低估

对于面积较大的森林景观资产，并不强求每一块林地都用于旅游，而是强调大面积林地上的所有资源合理利用，在不影响景观的条件下，有调整的灵活性。可进行少量的木材生产和多种经营，如张家界国家森林公园就针对公园的具体情况，专门编制了森林经营方案。

第三节　森林景观资产的分类

借鉴森林公园风景资源的内容，森林景观资产通常由地文资源资产、水文资源资产、生物资源资产、人文资源资产和天象资源资产共5项内容构成。

一、地文资源资产

包括典型地质构造、标准地层剖面、生物化石点、自然灾变遗迹、名山、火山熔岩景观、蚀余景观、奇特与象形山石、沙（砾石）地、沙（砾石）滩、岛屿、洞穴及其他地文景观。其中尤以奇特山体景观更为突出。山体地貌景观是森林景观区内的躯干景观，游览者进入景观区内的第一印象就是对山体景观的感受，由此可见山体外型特征以及地貌植被类型搭配对于整个景观开发区的意义。地文景观的开发潜力主要取决于山体的外形特点，比如，华山向以“奇拔俊秀”而驰名海内外，被誉为“奇险天下第一山”，华山以其山形奇特堪称一绝，不仅相对高差大，而且外形上形如刀切，棱角分明令人叫绝。在我国西北部有一种

山体景观，即山体风蚀景观，由于长年的受风力的侵蚀而形成的独特的地貌景观——雅丹地貌，这种山体景观没有高大的山脉，也没有色彩艳丽的植被，只有一望无际的荒漠，荒漠上树立着许许多多形态各异的雅丹地貌景观；丹霞地貌是在风化节理以及内应力的共同作用下形成的独特的山体外型，形成了赤壁丹崖、方山、尖峰、石柱、石墙、深切曲流、巷谷、峡谷等地貌景观，组合成块状山地、峰林、峰丛等独具特色的丹霞自然景观。

二、水文资源资产

包括风景河段、漂流河段、湖泊、瀑布、泉、冰川及其他水文景观。具有丰富水体资源的森林公园，对其开发利用应紧紧围绕水景的特点展开，着重度假和游憩娱乐功能的开发，如举行划船、垂钓、游泳、赛龙舟等娱乐活动，在水边设立野营野炊基地。同时可在临水的岸边建设疗养院、休闲村，供游人度假，领略水域风光。如果此类森林公园有航运之便，应重视水上旅游交通线路的开辟，让游客在旅途中享受游乐之趣。具有湖泊等静水景观的风景区在开发过程中应特别注意防止水土流失，水体环境质量的下降对此类森林公园的影响尤为直接和明显。在水面周围的防护林应严格管理。在开展水上旅游活动时应十分注意加强安全保卫工作，险要地点应配备救护人员和救护设备，同时应有专门的船只在水面巡逻。保证在安全、不破坏自然景观的前提下，充分利用水体景观资源来提供给游人愉悦和舒适的享受。

三、生物资源资产

包括各种自然或人工栽植的森林、草原、草甸、古树名木、奇花异草等植物景观，野生或人工培育的动物及其他生物资源及景观。我国国土辽阔，不同地区的生物景观不仅类型不一样，而且在这个森林景观中所起到的作用也是不一样的。由北到南，从东到西，生物景观千差万别。在我国中西部具有雅丹地貌地区的植物景观对森林景观的整体的影响不是很大，相比而言，我国江南地区植物景观在整个森林景观的影响就大得多，有时会占有很大的比重。生物景观可以分为植物景观、动物景观和微生物景观，其中更以植物景观为生物景观的一大特色。

四、人文资源资产

包括历史古迹、古今建筑、社会风情、地方产品及其他人文景观。人文景观最大的特点就是具有很强的地域性，不同地方的人文景观的风格及特点都是不同的。是本地区与其他地区之间鲜明区别的标志之一。有人把它演绎为十二字原则，即“人无我有，人有我新，人新我变”。人文景观主要体现在民族建筑、风俗习惯、饮食文化等几个方面。人文景观是根据本地区独特的森林景观环境与各种民族风俗融合在一起的，体现当地人民风俗习惯的一种特别的景观类型，也是近几年才刚刚形成大规模开发的。我国不仅地域广阔而且民族很多，所以在开发人文景观资源方面是很有发展潜力。以前不为人所知的傣族、瑶族、白族等，都推出了具有本地方特色的人文景观。像傣族的饮食文化、泼水节、传统的民间舞蹈都会令游人叹为观止，回味无穷。

五、天象资源资产

包括雪景、雨景、云海、朝晖、夕阳、佛光、屋景、极光、雾凇及其他天象景观。天象景观中气态景观包括云景和雾景以及其他一些景观，例如：观日出、中秋赏月等，云景中可以细分为例如观日出、观日落及欣赏晨曦、晚霞等等。此外，我国历来有中秋赏月的习惯，每每中秋到来之际，人们都会聚集在一起赏月，此时皓月当空、天高气爽，怪不得古人关于赏月方面的佳句数不胜数。液态气象景观中主要包括雨景和露景。我国雨景分布不仅广泛，而且在南方具有历时长的特点。南方的梅雨季节就是一个典型的例子。固态气象景观包括雪景、冰景、雾凇景、雨凇景等，北方的雪景和冰景，都是北方所特有的季节气象景观，气候的地域性特点决定了不同的地方有着不同的气候特点。事实证明，气象景观资源也是最具开发潜力的景观类型。

表 6－1　自然景观资源类

生物景观类	水域风光类	气象景观类	地文景观类
101 森林公园	201 风景河段	301 日出日落	401 典型地质构造
102 自然保护区	202 漂流河段	302 日食月食	402 标准地层剖面
103 古树名木	203 湖泊	303 星象	403 生物化石点
104 奇花异草	204 瀑布	304 虹霞蜃景	404 自然灾变遗迹
105 植物生态群落	205 泉	305 风雨阴晴	405 名山
106 草原	206 井	306 冰雪霜落	406 火山熔岩景观
107 珍稀动物	207 溪流	307 云雾景观	407 蚀余景观
108 珍稀植物	208 现代冰川	308 雾凇雨凇	408 奇特与象形山石
109 野生动物栖息地	209 海湾海域	309 自然声像	409 沙（砾石）地风景
110 其他生物景观	210 沼泽滩涂	310 其他天象	410 沙（砾石）滩
	211 其他水域风光		411 小型岛屿
			412 洞穴
			413 海岸景观
			414 海底地形
			415 其他地文景观

表 6-2　　人文旅游资源类

<table>
<tr><th colspan="2">文物古迹建筑</th><th>民俗风情及城乡面貌</th><th>求职娱乐购物</th></tr>
<tr><td>601 人类文化遗址
602 社会经济文化遗址
603 军事遗址
604 古城和古城遗址
605 长城
606 宫廷建筑群
607 宗教建筑与理智建筑群
608 殿（厅）堂
609 楼阁
610 塔
611 牌坊
612 碑碣
613 建筑小品
614 园林
615 景观建筑
616 桥
617 雕塑</td><td>618 陵寝陵园
619 墓
620 石窟
621 摩岩字画
622 水工建筑
623 厂矿
624 农林渔牧场
625 特色城镇和村落
626 港口
627 广场
628 乡土建筑
629 民俗街区
630 纪念地
631 观景地
632 文物
633 人造景观
634 其他建筑或文物古迹</td><td>701 节假庆典
702 民族风俗
703 宗教礼仪
704 饮食起居
705 婚丧嫁娶
706 神话传说
707 民间文艺
708 地方人物
709 田园风光
710 牧渔景观
711 其他城乡景观或风物</td><td>801 科学教育文化设施
802 休疗养和社会福利设施
803 动物园
804 植物园
805 公园
806 度假区
807 体育中心
808 运动场馆
809 娱乐场所
810 文艺团体
811 市场与购物中心
812 庙会
813 著名店铺
814 地方特产
815 风味美食
816 其他求知娱乐购物类</td></tr>
</table>

第四节　森林景观资源资产的分级

森林景观资源资产分级是以森林景观、生态环境为主体，综合地质、水文、气象和人文资源因素来评定质量等级的系统。

一、森林景观资源分级要素的层次结构及权重

在森林景观资源分类的基础上，将森林景观资源质量分级要素归纳为自然景观资源、生态景观资源、人文资源、奇特景观、旅游条件、知名度6类，各类要素的具体构成权重见图6－1。

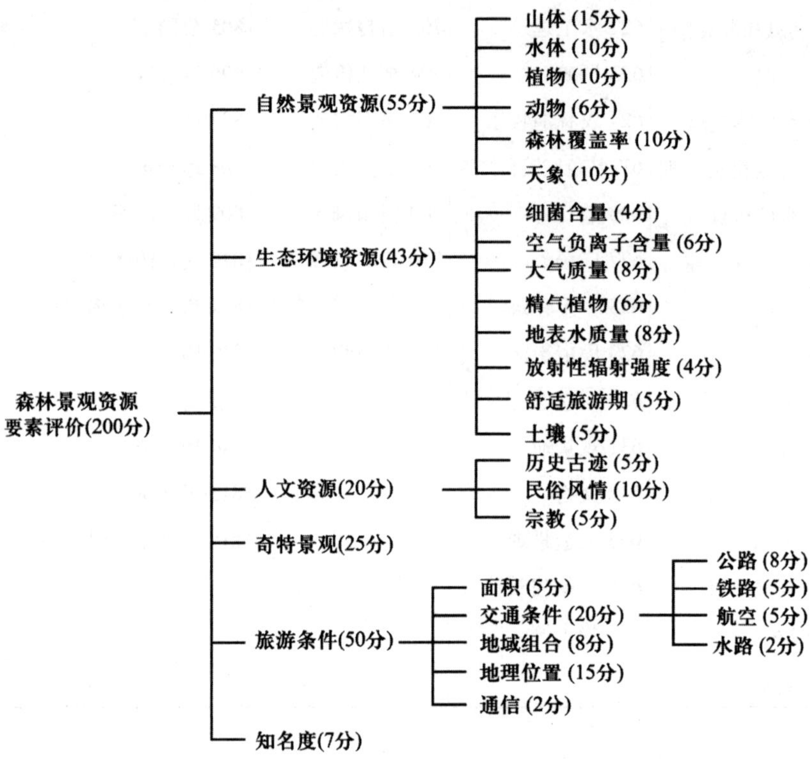

图6－1

1. 自然景观资源（55分）

（1）山体（15分）。

3分：常见山体或无山体景观，坡度平缓，造型一般，大多为丘陵

地貌，海拔 <500 米，相对高度 <200 米，坡度小。

7 分：低山地貌，海拔 500 ~ 1000 米，相对高度 200 ~ 500 米，坡度 <30°，最陡处 <45°，山势有一定的起伏，山峰环抱，具有一定的雄伟、秀丽之感。

10 分：中山或高山，海拔 >1000 米，相对高度 >500 米，山体雄伟，山势险峻，陡峭度大，险峻出 >60°，具有雄伟、险峻、秀丽之感。

15 分：奇特山体，罕见地貌，山峰造型奇特，岩石千姿百态，山峰石柱自成一景，形成景观，具有雄、奇、险、秀之感。

（2）水体（10 分）。

2 分：小面积水体，形态、水质一般，不具有动态美，声、色、影一般。

4 分：小面积水体，水质清纯，具有一定的动态美和声音美，但形态单一，水体不丰富，如小溪、山泉。

6 分：较大面积的水体，有较优美的动态水景，水质清纯，声音动听，有较美的倒影，如大的溪流、清潭、小瀑布、水池等。

8 分：大面积的水体，面积在 100 公顷以上，或有流量大、落差大的动态水景，或湖光山色相互辉映、色彩丰富，或气势磅礴，波涛滚滚，如湖泊、大瀑布、河流等。

10 分：有广阔的水面，面积在 1000 公顷以上，或有大江、大河从森林旅游区流过；或有规模庞大、全国闻名并形成奇观的大瀑布群；或临近大海，海岸曲折，水面壮阔。

（3）植物（10 分）。

2 分：植物群落结构简单，林相单一，多为纯林，层次少，色叶树种少，季相色调单调。

4 分：植物群落结构较复杂，多为混交林，层次 2 ~ 3 层，林相和季相有一定的变化，但不够丰富。

7 分：植物群落结构复杂，有部分天然次生林，人工林大多为混交林，层次 3 ~4 层，季相色彩较为丰富，有珍贵植物资源。

10 分：植物群落结构很复杂，森林植被以大面积原始次生林为主，层次达 4 层以上，林相丰富，四季色彩绚丽缤纷，各具特色，有珍稀植物或奇花异草。

（4）动物（6 分）。

2 分：种类少，在 100 种以下，多为常见野生动物。

4 分：种类较多，在 100 ~ 150 种，国家和省级保护种在 3 种以上，有一定的医疗、使用、科学及观赏价值。

6 分：种类多，在 150 种以上，具有国家重点保护种 5 种以上，形态可爱，有很高的医疗、使用、科学及观赏价值，有珍稀野生动物。

（5）森林覆盖率（10 分）。

2 分：森林覆盖率小于 60%

4 分：森林覆盖率大于、等于 60%，小于 70%。

6 分：森林覆盖率大于、等于 70%，小于 80%。

8 分：森林覆盖率大于、等于 80%，小于 90%。

10 分：森林覆盖率大于、等于 90%。

（6）天象（4 分）。

1 分：一般天象，无天象奇观。

2 分：美丽的天象，有较高的观赏价值，在当地有一定的知名度。

4 分：天气现象与自然山水相结合，形成美丽、奇特的天象，具有很高的观赏价值，知名度很高，如泰山的日出、黄山的云海。

2. 生态环境资源（43 分）

（1）空气细菌数（主要接待区及主要景点）（4 分）。

0 分：空气细菌数大于、等于 10000 个/立方米；小于 30000 个/立方米。

1 分：空气细菌数大于、等于 3500 个/立方米，小于 10000 个/立方米。

2 分：空气细菌数大于、等于 1000 个/立方米，小于 3500 个/立方米。

4 分：空气细菌数小于 1000 个/立方米。

（2）空气负离子含量（6 分）。

0 分：主要接待区或主要景点空气负离子含量小于 1000 个/立方米。

1 分：主要接待区或主要景点空气负离子含量大于、等于 1000 个/立方米，小于 3000 个/立方米。

2 分：主要接待区或主要景点空气负离子含量大于、等于 3000 个/立方米，小于 10000 个/立方米。

4 分：主要接待区或主要景点空气负离子含量大于、等于10000 个/立方米，小于 50000 个/立方米。

6 分：主要接待区或主要景点空气负离子含量大于、等于 50000 个/立方米。

（3）大气质量（8 分）。

2 分：未达国家大气质量三级标准。

4 分：达到国家大气质量三级标准。

6 分：达到国家大气质量二级标准。

8 分：达到国家大气质量一级标准。

（4）精气植物（6 分）。

2 分：精气植物有，树型矮小，一般在 4 米以下，丰富精气植物覆盖率 20% 以下。

4 分：精气植物平均树高 4 ~ 10 米，丰富精气植物覆盖率 20% ~ 30%。

6 分：精气植物平均树高 10 米以上，丰富精气植物覆盖率 30% 以上。

（5）地表水质量（8分）。

2分：未达国家地表水质量三级标准。

4分：达到国家地表水质量三级标准。

6分：达到国家地表水质量二级标准。

8分：达到国家地表水质量一级标准。

（6）放射性辐射强度（4分）。

2分：个别地段或局部的点块放射性辐射强度超标，但经过安全处理，不影响旅游。

4分：放射性辐射强度在国家规定的允许范围内。

（7）舒适旅游期（5分）。

1分：舒适旅游期小于150天/年。

2分：舒适旅游期大于、等于150天/年，小于170天/年。

3分：舒适旅游期大于、等于170天/年，小于190天/年。

5分：舒适旅游期大于、等于190天/年。

（8）土壤（2分）。

0分：土壤化学污染较严重。

1分：土壤化学污染较轻。

2分：无化学污染。

3. 人文资源（20分）

（1）历史古迹（5分）

0分：无历史古迹。

1分：一般历史古迹，未列入重点保护。

3分：有一定影响，列入省级以下（含省级）重点保护。

5分：影响较大，列入国家级重点保护。

（2）民俗风情（10分）。

0分：民俗风情无特色，对游客没有吸引力。

2 分：民俗风情有地方特色，对游客有一定吸引力。

6 分：民俗风情有鲜明的地方特色，对游客有较大吸引力。

10 分：民俗风情有浓厚的地方特色，其服饰、建筑、节日庆典等在国内有较大影响，对游客有强烈的吸引力。

（3）宗教（5 分）。

0 分：无宗教影响。

1 分：宗教有一定影响，但宗教活动规模及宗教建筑规模小。

3 分：宗教影响较大，有一定建筑规模，宗教活动、仪式较隆重。

5 分：宗教影响大，建筑宏伟；宗教活动多，仪式隆重，参加群众多。

4. 奇特景观（25 分）

0 分：常见或普通。

5 分：少见，有自己的特色，在当地有一定的知名度和吸引力。

10 分：省内少见，有鲜明的特色，在省内有很高的知名度和吸引力。

15 分：国内罕见，在国内有很高知名度和吸引力。

25 分：世界罕见，成为世界奇观，在国际上有很高的知名度和吸引力，如九寨沟、张家界、卧龙大熊猫等。

5. 旅游条件（50 分）

（1）森林旅游区面积（5 分）

1 分：森林旅游区面积小于 1000 公顷。

3 分：森林旅游区面积大于、等于 1000 公顷，小于 6000 公顷。

5 分：森林旅游区面积大于 6000 公顷。

（2）交通条件（20 分）

① 公路（8 分）。

2 分：公路等级低，为县级或地方级公路，客流量一般。

6 分：省级公路，交通车较多，客流量较大。

8 分：国家级公路干线，公路四通八达，有交通车随时可达森林旅游区，客流量大。

② 铁路（5 分）。

0 分：50 千米以内不通铁路。

3 分：50 千米范围内有干线铁路，但是小站，客流量小。

5 分：50 千米范围内有干线铁路，是中等或大站，客流量大。

③ 航空（5 分）。

0 分：附近 100 千米范围以内无航空港。

3 分：附近 100 千米范围以内有国内航空港。

5 分：附近 100 千米范围以内有国际航空港。

④ 水路（2 分）。

0 分：50 千米范围内水路不通或水路只有货运，没有客运。

1 分：50 千米范围内水路较方便，有客运，但码头或港口吞吐量小。

2 分：50 千米范围内水路较方便，客运量大，码头或港口吞吐量大，在当地的交通中战友重要位置。

（3）地域组合（8 分）。

0 分：邻近 50 千米范围内无风景区或旅游景点。

2 分：森林旅游区风景资源有一定特色，邻近 50 千米范围内有风景区、旅游区点，但风景类型单调，无法形成综合型游览区。

4 分：邻近 50 千米范围内有省级以上风景区，或旅游区，旅游类型相互补充，形成综合型游览区。

（4）地理位置（15 分）。

2 分：距省会城市（含省级市）等于或大于 300 千米。

6 分：距省会城市（含省级市）大于、等于 200 千米，小于 300

千米。

10 分：距省会城市（含省级市）大于、等于 100 千米，小于 200 千米；或者以森林旅游区为中心，以 200 千米为半径范围内地级市和县级市镇（城镇人口在 300 万以上）。

15 分：距省会城市（含省级市）或对外边贸城市（城镇人口 10 万以上）小于 100 千米；或者以森林旅游区为中心，以 100 千米为半径，有地县级市城镇人口在 150 万以上。

（5）通信（2 分）。

0 分：有通讯设施，无程控电话。

2 分：有程控电话。

6. 知名度（7 分）

3 分：半径 300 千米以内的大、中、小城市 5% 以上的城镇居民知道。

5 分：半径 300 千米以内的大、中、小城市 20% 以上的城镇居民知道。

7 分：半径 300 千米以内的大、中、小城市 40% 以上的城镇居民知道。

二、森林景观资源评级标准的划分

森林景观资源分级各要素总分 200 分，按实际综合积分评定质量登记，共划分为十级：总分 170 分以上为一级；161 ~ 170 分为二级；151 ~ 160 分为三级；141 ~ 150 分为四级；131 ~ 140 分为五级；121 ~ 130 分为六级；111 ~ 120 分为七级；101 ~ 110 分为八级；91 ~ 100 分为九级；90 分以下为十级。

第七章　其他森林资源资产

第一节　林下植被

林下植被是森林林下灌木、草本和藤本植物等的统称，是森林生态系统的重要组成部分。森林生态系统中林下植被的分布和生长特征受到林分乔木层特征的限制；另一方面，林下植被也通过生命活动不断地改变着林下微环境，从而对整个森林生态系统的稳定、演替发展和生物多样性起着重要作用。长期以来，由于人类活动日益加剧，对森林生态系统的干扰强度越来越大，导致森林生态系统发生严重退化，林下植物生长发育不良，生物多样性丧失，生态系统的完整性受到极大损伤，直接或间接影响着森林生态系统的健康和平衡。

一、林下植被生物量的分布特征

（一）不同森林类型林下植被生物量的变化

森林林下植被生物量是由林下灌木、草本、藤本及其凋落物等的生物量组成。林下植被生物量的分布差异和大小与不同森林类型特征相关，也与森林林分的不同发育阶段的特点紧密联系。不同森林类型的生长发育过程存在一定的差异，而这种差异会导致林内环境的变化，从而影响到林内光照条件、水分条件以及土壤某些性质，最终促使林下植被产生分异。一般来说，阳生性森林由于树冠郁闭度高，林内透光性差，导致林下植被的生物量明显少于阴生性森林林下植被生物量。而落叶林由于在春末夏初时节，树冠覆盖度较低，有利于林下植被的快速生长，导致落叶林林下植被生物量高于常绿林。

（二）不同森林发育阶段林下植被生物量的变化

林下植被生物量的变化受林龄和林分郁闭度的影响较大。森林在幼龄阶段、林分郁闭前，林下灌木、草本的生物量随林分林龄的增大而增加。随着林分树冠的进一步郁闭，限制了林下植被的光照条件，到林冠完全郁闭时，林下植被生物量开始下降。当林分逐渐成熟后，由于林分自疏和老化现象，林冠郁闭度下降，导致林下植被生物量又快速增加。

（三）不同层次林下植物的生物量变化

不同层次的林下植物由于对林内各生境因子的竞争能力不同，造成在不同林分发育阶段其生物量也存在明显差异。在林分处于幼龄阶段，特别是在林分郁闭之前，林下植被的生物量以灌木为主，草本层生物量较低，凋落物量最少。随着林分不断发育，郁闭度增加，导致非耐阴性灌木退化，灌木生物量所占林下植被总生物量的比例不断减少，而草本层生物量所占的比例却不断变大。一般来说，林分处于中龄阶段，草本层生物量占林下植被总生物量的比例达到最大值。随着森林进入成熟阶段，灌木层的生物量又有上升趋势，而草本层生物量开始下降。

（四）林下植被生物量与林分特征因子的关系

林下植被的生物量与乔木层的优势度、平均胸径、树冠覆盖度等林分特征因子有明显的相关性，其中很大程度上决定于林分树冠覆盖度和树冠结构。随着乔木层树冠覆盖度的增加，林下植被生物量呈减少趋势，而当乔木层树冠覆盖度减少时，林下层的灌木和草本层的群落产量又会增加。但是，林下植被生物量的变化与林分密度没有明显的相关关系。

（五）林下植被物种差异与林分年龄和森林类型的关系

林下植被物种多样性与林分生长发育阶段有密切关系。不同林龄的森林林分林下植被物种多样性指数存在明显差异。在幼龄阶段，林下植被的物种丰富度指数、各多样性指数和均匀度指数都比较高；到中龄林阶段，由于林分高度郁闭，透光率差，林下植被的这些指数呈明显下降趋势；到成熟林阶段，林分自疏导致林分郁闭度降低，这些指数又呈增加趋势。但是，生态优势度指数随林龄的变化趋势则与上述指数正好相反。林下植被中的灌木层、草本层的变化趋势大致相同。有学者对杉木林的研究表明，林下植被种类的平均数量表现为成熟林 > 幼龄林 > 中龄林的趋势。一般来说，林下植被物种多样性随林分年龄的变化除了与林下层可获得的光照条件和水分条件相关外，还与不同龄级森林土壤的氮含量相关。

不同的森林类型由于树冠结构和生活特征的差异，也会影响到林下植被的物种多样性和优势度。如落叶松与阔叶红松林的林内环境差异显著，落叶松林内比阔叶红松林内要阴湿得多，透光率远不如阔叶红松林，导致落叶松林林下植被以喜阴种类为主，种类丰富度比阔叶红松林小。

二、林下植被在森林生态系统中的作用

（一）对营养元素循环的影响

森林林下植被凋落物量的大小是影响森林生态系统养分循环的一个重要方面。林下植被凋落物量越多，其养分归还量也越多，并且林下植被凋落物的成分很大程度上影响到凋落物的分解和养分的归还。研究表明，如果林分的枯枝落叶与林下多年生阔叶类灌木和蕨类植物凋落物混合在一起时，易于分解，积累量减少，养分归还量增加，有利于地力的维护和恢复；如果林分枯枝落叶与林下芒萁和五节芒等的凋落物混合在一起时，不易分解，积累量增加，养分归还量减少，不利于地力的恢复。另一方面，虽然林下植被的生物量相对于乔木层来说很小，但是活

跃的林下植被层对防止森林营养元素流失所起的作用很大。特别是防止钾和氮淋失的作用更加明显。对落叶林来说，春季，林下植被吸收同化营养元素，而此时乔木层并不活跃；夏季，林下植被凋落物易于分解。因此，在降水较多的春季得到良好生长的林下植被层能减少营养元素的淋失，夏季又能通过养分归还提供给乔木层更多的营养元素。

（二）对森林保持水土的影响

林下植被在进行降水再分配和固土方面作用十分明显。森林保持水土的能力除了与林分特征、根系和土壤性质有关外，很大程度上也决定于森林的层次结构和林下植被的盖度。森林群落层次越复杂，根系越发达，林下植被盖度越大，枯枝落叶层厚度越大，森林保持水土的能力就越强。林下植被发育较好的天然林群落与林下植被发育较差的人工林群落相比，其水土保持能力要大很多。

（三）对林内微环境和林分生长状态的指示作用

林下植被对森林土壤的营养元素含量、酸碱度等林内微环境的变化十分敏感。林下植被的种群组成和生物量的变化很大程度上反映了土壤性质的改变，但森林对这些变化的反应具有明显的滞后性。通过对林下植被生长状态的调查，能从侧面反映森林的生长环境的变化，从而能预测森林生态系统的健康状况和发展趋势。

（四）林下植被对林分的负面影响

1. 影响乔木层的生理生态特征

林下植被对森林乔木层具有干扰作用。乔木层在获得光照条件上占有绝对优势，但在获得水分和养分的能力远远不及林下植被。林下植被通过地下部分的竞争对乔木层的生理生态特征产生影响。林下植被丰富的森林林分，土壤表层细根生物量较大，吸收来自表层土壤中的水分和养分就多，一定程度上阻碍了水分的下渗，使得水分在林下植被多的林分中成为限制因子，影响了林分的水利用率和光合氮利用率，导致乔木层叶片的光合作用比林下植被少的林分弱很多。

2. 影响林分的幼苗库和森林的演替

林下植被通过对林分幼苗库的干扰，影响森林的动态和远期结构。过度发育的林下植被通过剥夺林分幼苗对光照条件、养分条件和水分条件的获得，使林分幼苗发育不良甚至死亡，从而改变森林的演替方向。据研究，当成熟杉木林林下竹子的覆盖度>68%时，林分幼苗的生长就会受到强烈抑制，导致林分幼苗比林下竹子覆盖低的森林少很多。特别是一些外来种的引入，破坏了林下植被的平衡状态，抑制了林分幼苗的发育，改变了森林内部结构，导致森林的不可持续性发展。

（五）对动物和生态平衡的影响

野生动物是维系生态系统能量流和物质循环的重要环节，具有不可替代的价值和生态服务功能。林下植被通常是许多植食性动物的食物源和栖息地，林下植被的种类、生物量、生产量等因子会影响到某些野生动物的生存、繁殖和种群动态，最终将影响到整个森林生态系统的食物链和生态平衡。

第二节　野生动物

野生动物是指生存在天然状态下或来源于天然自由状态的、虽然已经短期驯养但还没有产生进化变异的各种动物。野生动物不仅是自然生态系统的重要组成部分，也是全人类共有的宝贵财富，它们栖息在地球上各种各样的环境之中，是有生命的自然资源。野生动物资源具有极其重要的价值，为人类的生存和发展做出了巨大的贡献。

我国幅员辽阔，地形复杂，气候多样，陆地生态系统类型和野生动物种类极其丰富。据目前所知，全世界的脊椎动物种类已超过41700多种，其中陆栖的脊椎动物占一半以上。我国脊椎动物4400多种，占世界种类的10%以上。据统计，我国约有2000多种陆栖脊椎动物，其中哺乳类499种，鸟类1244种，两栖类280种，爬行类391种。它们中有许多属于我国特有的珍稀物种，如：大熊猫、金丝猴、扬子鳄等，有许多属于国际重要的迁徙种类，还有许多具有直接的利用价值、观赏价值和科学研究价值。

随着我国人口的增长及社会经济的发展，野生动物栖息地遭到严重破坏，野生动物种群受到直接猎杀和不合理利用的威胁越来越严重，许多野生动物因此而濒于灭绝。特别值得注意的是，随着我国改革开放的深入以及市场经济体制的发展，野生动物及其产品从偏远封闭的产地进入市场的势头日益剧增，乡村经济发展对野生动物的直接利用以及栖息地的占用提出了越来越高的要求。因此，我国的野生动物保护和合理利用面临极大的挑战。

对野生动物资源的保护管理，应坚持“加强资源环境保护、积极驯养繁育、大力恢复发展、合理开发利用”方针，以保护为根本，以发展为目的，以野生动物栖息地保护为基础，以保护工程为重点，以加快自然保护区建设为突破口，以完善管理体系为保障措施，加大执法、宣传、科研和投资力度，切实做好野生动物的保护管理。野生动物保护管理的内容很多，范围很广，除上述提及的栖息地保护、保护区建设、管理体系完善外，还包括：立法普法、宣传教育、猎捕管理、驯养繁育、经营利用、市场监督、野保守费、进出口管理、运输管理与检疫、涉外活动管理等。

为了拯救那些受害和濒于灭绝的野生动物，使我国的野生动物资源得到持续发展，全国人大常委会于1988年通过了《中华人民共和国野生动物保护法》。1992年2月12日，国务院又批准颁布了《中华人民共和国陆生野生动物保护实施条例》，随后各省份也相应地制定了保护野生动物的地方法规。由此可见，我国的野生动物保护工作正走向法制化轨道。

依法保护和合理利用野生动物资源的关键在于：在准确掌握野生动物资源状态和发展趋势的基础上，提出客观的野生动物保护名录、保护等级、利用限额、处罚尺度、立案标准等，并定期对它们作出调查，以符合《野生动物保护法》提出的保护与合理利用相结合的原则。为此《陆生野生动物保护实施条例》明确提出“野生动物资源普查每十年进行一次”。另外，《条例》规定林业部门是我国陆生野生动物的主管部门，因此，林业部门已将野生动物及其栖息地的恢复与保护作为今后一段时期内的工作重点之一。

近年来，我国与有关国家及国际组织签订的野生动物保护方面的协定和公约越来越多，如《中日保护候鸟及栖息环境协定》、《濒危野生动物植物种国际贸易公约》、《生物多样性公约》和《湿地公约》等。另一方面，野生动物及其产品已成为我国人民物质和文化生活不可缺少的组成部分。因此，全面了解和掌握我国野生动物现状，有利于我们有效地履行国际公约，科学合理地利用野生动物资源，使这一资源持续地为人类的发展服务。

第三节　湿地、草原与沙漠

一、我国湿地的概念、分类、分布及特点

（一）湿地的概念

“湿地”一词源自英文 wetland，湿地是陆地与水域之间的过渡地带。《湿地公约》对湿地的定义为“湿地系指天然或人工、常年或季节

性、蓄有静止或流动的淡水、半咸水或咸水沼泽地、泥炭地或水域，包括低潮时水深不超过 6 米的海域。”同时又规定：“可包括邻接湿地的河湖沿岸、沿海区域以及湿地范围的岛屿或低潮时水深超过 6 米的区域。”据世界保护监测中心的估测，全球湿地面积占地球陆地面积的 6%，约为 570 万平方千米，其中湖泊占 2%，藓类沼泽占 30%，草本沼泽占 26%，森林沼泽占 20%，洪泛平原占 15%。全世界红树林的面积约 24 万平方千米，珊瑚礁约 60 万平方千米。

（二）我国湿地的分类

我国地域辽阔，地貌类型复杂多样，地理环境千差万别，气候条件时空分异显著，使我国成为世界上湿地类型最多的国家之一。我国的湿地涵盖了《湿地公约》所划分的 42 类的全部类型。

根据我国湿地资源的现状和《湿地公约》对湿地的分类系统以及相关研究成果，将我国的湿地分为沼泽湿地、湖泊湿地、河流湿地、滨海湿地和人工湿地等 5 大类。它们又可分别细分为 26 个小类（图 7－1）。这种分类系统简洁明了，易于理解，实用性强，适合我国国情。

（三）我国湿地的分布

我国湿地分布较为广泛，几乎各地都有，受自然条件的影响，湿地类型的地理分布有明显的区域差异。我国沼泽湿地以东北三江平原、大兴安岭、小兴安岭、长白山地、四川若尔盖和青藏高原为多，各地河漫滩、湖滨、海滨一带也有沼泽发育，山区多木本沼泽，平原则草本沼泽居多。全国 22 个省（自治区、直辖市）分布有沼泽湿地，其中黑龙江、内蒙古、青海、西藏的沼泽湿地面积最大，分别占全国沼泽湿地总面积的 24.2%、26.6%、20.1% 和 17.9%。

我国的湖泊湿地主要分布于长江及淮河中下游、黄河及海河下游和大运河沿岸的东部平原地区、蒙新高原地区、云贵高原地区、青藏高原地区、东北平原地区与山区。全国 30 个省（自治区、直辖市）分布有

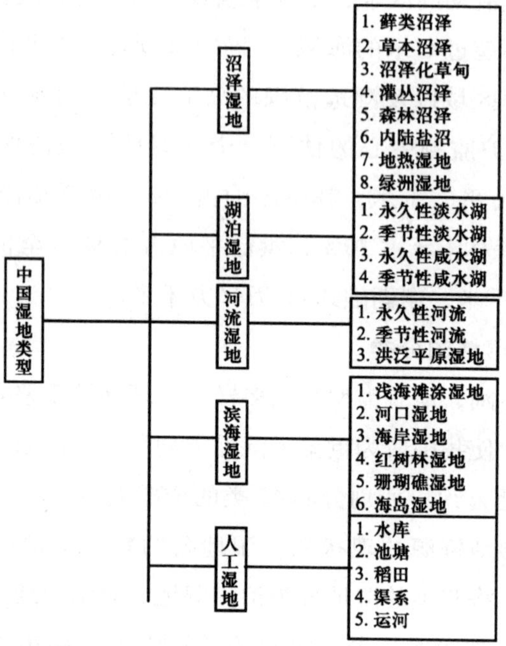

图 7－1

湖泊湿地，其中西藏、青海、新疆、江苏的湖泊湿地面积最大，分别占全国湖泊湿地总面积的 30.4%、14.7%、8.3% 和 7.2%。

因受地形、气候影响，河流在地域上的分布很不均匀，绝大多数河流分布在东部气候湿润多雨的季风区，西北内陆气候干旱少雨，河流较少，并有大面积的无流区。湖南、内蒙古、吉林、四川的河流湿地面积最大，分别占全国河流湿地总面积的 8.3%、7.4%、7.1% 和 6.9%。

我国滨海湿地主要分布于沿海的 12 个省份。滨海湿地以杭州湾为界，杭州湾以北除山东半岛、辽东半岛的部分地区为岩石性海滩外，多为沙质和淤泥质海滩，由环渤海滨海和江苏滨海湿地组成；杭州湾以南以岩石性海滩为主，主要河口及海湾有钱塘江—杭州湾、晋江口—泉州湾、珠江口河口湾和北部湾等。山东、广东、江苏、辽宁的滨海湿地面积最大，分别占全国滨海湿地总面积的20.4%、17.1%、14.2%和12.4%。

（四）我国湿地的特点

1. 湿地的资源特点

（1）潜在的土地资源。

湿地中有很大一部分是可以开辟为耕地、林地以及牧场的。并且，由于土壤中富含有机质，因而改造后往往成为高生产力的土地。如三江平原由“北大荒”经排水后成为“北大仓”；辽河三角洲低产苇田改造成为高产的稻田；苏北里下河地区通过兴建水利，控制河水泛滥和海水入侵，并采取联圩井田、降低地下水位等措施，大片沼泽区已改造成为旱涝保收的高产田。众所周知的基塘系统是我国珠江三角洲改造湿地的产物，在湿地的最低处腐泥浅水域种植芦苇，稍高处挖深建塘养鱼，塘泥筑基，基面上种水稻、果树、桑、甘蔗、花、草（树下种花生），或种植其他作物，形成不同结构的基塘系统等等。

（2）天然的基因库。

湿地不仅是多种鱼类重要的繁殖地和生活环境，也是多种水禽、野生动物的繁殖栖息地或季节性生活环境，特别是许多濒危野生动物（如丹顶鹤、天鹅、扬子鳄、云石斑鸭、河马等）的独特生活环境。据统计，在我国湿地生活繁殖的鸟类有300多种，占全国鸟类总数的1/3左右，主要有鹤形目、鹳形目、雁形目、辟鸟目和鸥形目的一些鸟类，淡水鱼类500余种，占世界淡水鱼类总数8%以上。国家一级保护的珍稀鸟类约有一半生活在湿地。同时，湿地独特的水文、土壤、气候条件为多样的植物群落提供了基础。

（3）泥炭资源。

据不完全统计，我国泥炭储量近5.0×10^9吨，其中80%为裸露泥炭地，20%为埋藏泥炭。泥炭在工农业、能源及医药和环保等各个方面都有广泛应用。

2. 湿地的生态系统特点

湿地通常处于陆地生态系统（如森林和草地）和水生生态系统（如湖泊和海洋）之间的过渡区域，它一般由湿生、沼生和水生植物、动物、微生物等生物因子以及与其紧密相关的阳光、水分、土壤等非生物因子所构成。其生物和非生物成分之间以及生态系统中的生产者、消费者和分解者之间都是通过营养物质循环和能量流动而相互联系相互制约的。

（1）脆弱性。

湿地生态系统易受自然及人为活动的干扰，生态平衡极易受到破坏，且受破坏后难以恢复。这主要由湿地所具有的特殊水文条件所决定。湿地水文状况的稳定性（或节律）决定着湿地的稳定性。水文状况的变化取决于以下几种因素：① 输入和输出水分的平衡状况；② 地表轮廓（地貌状况）；③ 土壤、地质条件及地下水状况。新疆罗布泊的消失即是因为输入水量减少（塔里木河、孔雀河），致使 1964 年完全干涸并消失。

（2）高生产力。

湿地是最富有生产力的生态系统之一。湿地多样的植物群落是其高生产力的基础。通常，水的流动程度是决定湿地潜在初级生产力的最重要因素，其基本规律为：流动水湿地 > 缓流水湿地 > 静水湿地的生产力。同时，湿地生态系统类型及生物物种亦是丰富多样的。这是由湿地类型的多样性和过渡性所决定的。湿地植物群落中包含了乔木、灌木、多年生禾本科、莎草科、其他多年生草本植物及苔藓和地衣等。动物群落中包括哺乳类、鸟类、两栖类、爬行类、鱼类及其他无脊椎动物等。

（3）过渡性。

湿地是介于陆生和水生生态系统之间的过渡型生态系统，它既具有陆地生态系统的地带性分布特点，又具有水生生态系统的地带内分布特点，表现出水陆相兼的过渡型分布规律。位于水陆界面的交错群落分布使湿地具有显著的边缘效应，这是湿地具有很高的生产力和生物多样性的基本原因。

3. 湿地的功能

（1）清除污染的功能。

湿地土壤及生存于其中的多样的植物群落、微生物群落具有吸附、吸收和分解污染物，净化环境的功能，它们在去除悬浮物，促进营养物质循环，产生氧气等方面亦有重要作用。因而湿地被喻为“自然之肾”。根据自然湿地净化污染物的基本原理建立起来的人工湿地污水处理系统，充分利用湿地环境中发生的物理、化学和生物学作用的综合效应来净化废水，它们包括沉淀、吸附、过滤、溶解、气化、固定化、离子交换、络合反应、硝基化、反硝基化、营养元素的摄取、生物转化和细菌、真菌的异化作用等具体过程。

（2）气候与水文调节功能。

湿地积水，土壤和植被持水的强烈蒸发和蒸腾作用，把大量水分送回大气，使局部气温和湿度等气候条件改善，特别是湿地水体的调节作用更加明显，常形成特殊的局地小气候。湿地释放的甲烷、硫化氢、氧化亚氮、二氧化碳等微量气体虽绝对量较小，但它们对全球变暖具有重要影响。湿地是地球上甲烷最主要的自然排放源。水稻田等人工湿地也是甲烷的主要排放源之一。

（3）物质生产功能。

湿地生态系统由于其特殊的水、光、热、营养物质等条件，使其成为地球上最富有生产力的生态系统之一，其高生产力为人类提供了丰富的生产及生活资源。它不仅提供木材、饲草、芦苇等重要的植物性原料，而且也是渔业毛皮动物等的重要生产基地。据统计，全世界2/3的渔业生产集中在湿地地区，墨西哥湾有90%的水产品来自港湾和盐碱滩的湿地。我国淡水鱼类产品每年约4.1×10^{6}吨，其中95%来自平原湖泊湿地区。近年来，滩涂养殖业的大力发展为城乡居民提供了大量丰富的海鲜产品。

二、我国草原的概念、分类及分布

（一）我国草原的概念

《草原法》中所称的草原，是指天然草原和人工草地。其中，天然草原包括草地、草山和草坡，人工草地包括改良草地和退耕还草地，不包括城镇草地。

（二）我国草原的分类及分布

根据生物学和生态特点，我国草原可划分为四个类型：

1. 草甸草原

草甸草原是疏林草原与干草原之间的过渡类型，面积约6亿亩，约占全国草原总面积的11.3%。草甸草原地区属半湿润气候，年降水量350～450毫米，≥10℃的年积温在1800～2000℃之间，雨水适中。这里牧草生长茂密，一般草高达60～80厘米，覆盖度60%～85%；产量高，质量好，亩产青草225～400千克，优质牧草可占50%～80%。草甸草原主要分布在平坦的洼地和北向的坡地上。如内蒙古东北部森林草原带的下部，东北北部广阔平坦的冲积平原、坡地、河谷低地和丘陵地的淡黑钙土、黑钙土和草甸土地区都有分布。

高原上的低地、河湖遗迹以及丘陵起伏的地段，由于小地形起明显的作用，可以生成草甸草原、沼泽草甸和盐生植被等组成的草甸草原复合体。

草甸草原是中国主要的天然优良割草场。由于生态条件和优势种植物的不同，又可以分为丛生禾草、根茎性禾草及杂类草等3种草甸草原亚类。植物种类都比较丰富，例如，以丛生禾草贝加尔针茅为优势种的贝加尔针茅草甸草原，每平方米可达20种左右。主要禾草有贝加尔针茅、羊草、隐子草、野古草、拂子茅等；杂类草有柴胡、萎陵菜、麻花头、蒿类等。这些植物在不同季节开花，五颜六色，故有“五花草塘”之美名。草甸草原的气候与土壤条件，虽不如疏林草原好，但仍有较多的雨水，而且气温较高。所以，在没有人工灌溉的条件下，也能生长多种优良牧草，是良好的天然放牧场和割草场，适于发展大牲畜，尤其适于养牛业。

2. 平草原（典型草原）

平草原（典型草原）是指温带寒冷、半干旱气候条件下，多年生、旱生丛生禾草和杂类草占优势的植被类型。建群种由典型旱生植物组成，以丛生禾草为主，伴有中旱生杂类草及根茎苔草，有时还混生旱生灌木或小半灌木。分布典型草原的地区属于温带半干旱大陆性气候，降水量为250～450毫米。典型草原主要由针茅、羊草、隐子草等禾草，伴生中旱生杂草、灌木及半灌木组成，草丛一般高30～50厘米。在我国，典型草原主要分布在呼伦贝尔高原西部、锡林郭勒高原大部及鄂尔多斯高原东部等地。

3. 荒漠草原

荒漠草原是指在温带干旱气候条件下，旱生、丛生小禾草和小半灌木占优势的植被类型，为草原中最旱生的类型。建群种由旱生丛生小禾草组成，常混生大量旱生小半灌木，并在群落中形成稳定的优势层片。荒漠草原属于自然带的一种，主要是受自然环境影响形成的。地理位置处于大陆内部，年降水量≤200毫米。气候干燥，少雨，属于大陆气候。其次是受人类活动的影响。人类不合理的放牧和开垦以及开采矿物，直接导致草原荒漠化的进程。荒漠草原主要分布于亚洲大陆内部，如内蒙古西部和新疆就有荒漠草原分布。在荒漠草原以荒漠为主，生长的植物主要是一些耐旱、叶小而少且根深的植物，原因是叶小而少可以减少蒸发，根深可以充分吸取底下水分。

4. 高寒草原

高寒草原是中国草原群落的一种植被类型，分布在海拔4000米以上的草原。高寒地带气候寒冷而潮湿，日照强烈，紫外线作用增强，空气中二氧化碳含量降低，空气稀薄，土壤温度高于空气温度，温度变化剧烈，昼夜温差极大，年平均温度不到1℃，生长季短，仅120天，年降水量约400毫米，相对湿度70%以上。植物多低矮丛生，叶面积缩小，叶片内卷，气孔下陷，机械组织与保护组织发达，根系较浅，植株形成密丛，基部常为宿存的枯叶鞘所包围，起保护更新芽越冬的作用。有以营养繁殖为主的多年生草本、垫状小灌木或垫状植物，如针茅属紫花针茅、座花针茅，以及克氏羊茅、假羊茅，还有莎草科硬叶苔草，小半灌木有藏籽蒿、藏南蒿、垫状蒿等。垫状植物有垫状驼绒藜、垫状点地梅、垫状棘豆、垫状蚤缀等。我国高寒草原主要分布在青藏高原中部和南部、帕米尔高原及天山、昆仑山和祁连山等亚洲中部高山。草原上生长着多种优良牧草，是重要的畜牧业基地。此外，草原植被还蕴藏着许多药用植物，可采收利用。

三、我国沙漠的概念、主要类型、分布及特征

（一）我国沙漠的概念

国内对沙漠的理解有一定分歧。主要是受《辞海》（1979）中关于沙漠定义的影响。“沙漠：① 荒漠的通称；② 荒漠的一种，指沙质荒漠。在风力作用下，沙丘不时移动，往往造成严重危害”。所以，人们便提出了所谓广义沙漠与狭义沙漠的概念。广义沙漠即是荒漠的同义词，用英文单词“desert”表示之；狭义沙漠即指沙质荒漠，用英文单词“sand desert”或“sandy desert”表示之，以示与荒漠相区别。还有

一种倾向，就是把半干旱草原地带的沙地也归结为沙漠。有的甚至将沙漠化土地也纳入沙漠的范畴，如朱震达等在《中国沙漠概论》一书中指出："沙漠系指干旱地区地表为大片沙丘覆盖的沙质荒漠，也包括了沙漠化土地和半干旱地区的沙地。"

（二）我国沙漠的主要类型和分布

我国的沙漠属温带沙漠类型，除了部分位于内陆高原，大部分分布在内陆山间盆地，集中分布于东经106度以西的荒漠地带，占全国沙漠戈壁总面积的90%（见表7-1）。由于地处内陆，沙漠地区年降雨量都在200毫米以下，不少地区在50毫米以下，年蒸发量一般在2500~3000毫米之间，有的高达3500~4000毫米，气候十分干旱。

表7-1　　我国沙漠及其分布

沙漠名称	地理位置	海拔（米）	面积（万平方千米）
塔克拉玛干沙漠	新疆塔里木盆地	840~1200	33.76
吉尔班通古特沙漠	新疆准噶尔盆地	300~600	4.88
库姆塔格沙漠	新疆东部、甘肃西部	1000~1200	2.28
柴达木盆地沙漠（包括风蚀地）	青海柴达木盆地	2600~3400	3.49
巴丹吉林沙漠	内蒙古阿拉善高原西部	1300~1800	4.43
腾格里沙漠	内蒙古阿拉善高原东南部宁夏西部	1400~1600	4.27
亚玛雷克沙漠	内蒙古阿拉善高原东北部	1000	0.56
乌兰布和沙漠	内蒙古阿拉善高原东北部、黄河后套平原西南部宁夏北部	1000	0.99
库布齐沙漠	内蒙古鄂尔多斯高原北部、黄河河套平原以南	1000~1200	1.61

续表

沙漠名称	地理位置	海拔（米）	面积（万平方千米）
毛乌素沙地	内蒙古鄂尔多斯高原中南部和陕西北部宁夏东部	1300～1600	3.21
浑善达克（小腾格里）沙地	内蒙古高原东部的锡林郭勒盟南部和昭乌达盟西北部	1200	2.14
科尔沁沙地	东北平原西部的西辽河下游	100～300	4023
呼伦贝尔沙地	内蒙古东北部的呼伦贝尔平原	600	0.72

沙漠地区植被稀疏，地表以流动沙丘为主，其面积占该地区沙丘面积的75%。沙丘高大，在塔克拉玛干沙漠一般高达100～150米，在巴丹吉林沙漠一般高达200～300米。

（三）我国沙漠地区的特征

1. 自然环境特征

我国沙漠都分布于气候干旱少雨、风力强劲而频繁的地区，风季风力一般在5～6级以上，年降雨量在450毫米以下，其中贺兰山以西的广大地区，都小于150毫米，甚至在100毫米以下，塔克拉玛干沙漠的中部及东部年降雨量均在25毫米以下。干燥度大都在1.5以上，贺兰山以东1.5～4.0，以西4.0以上，新疆南部沙漠地区干燥度高达20.0～60.0。区域气候特征以降水量为指标，以西往东递增。塔里木、哈密、敦煌、老东庙一线年降水量不足25毫米，甚至为10毫米，柴达木盆地25～28毫米，至阿拉善东缘增至150毫米，鄂尔多斯西缘200毫米，盐池以东广大地区达300～400毫米。上述地区降水都是夏雨，占全年降水量的50%～70%。北疆西部和南疆西南部降水在季节分配上冬春降水占40%～60%，夏雨仅占27%～40%。以≥10℃的年积温为指标，由西往东递减。塔里木盆地至敦煌为3700～4500℃，北疆为2800～3900℃，阿拉善东缘为3388℃，往东到西辽河减至2500℃，再往东因纬度高，热量不足，积温降至2000℃。柴达木盆地则因地势高（海拔2600米以上），夏季平均气温比蒙新荒漠低10℃，冬季却高出北疆3～6℃，年积温为1200～1700℃，积温虽低，但日照时数却高达3000小时。

总之，我国的沙漠戈壁分布区属中亚细亚荒漠类型，处于温带，年平均温度低（7～9℃），温差大，冬日长寒冷少雪，夏日短而炎热，春季干燥多风；南疆荒漠属暖温带，年平均气温在10～12℃以上，7月平均气温在25～27℃以上；柴达木荒漠则属高寒荒漠类型，年平均气温0.8～2.8℃，1月平均气温12～15℃，7月平均气温低于新疆荒漠，只有15～17℃。干燥度上，柴达木盆地干燥度为8.0～20.0，塔里木盆地的干燥度20.0，吐鲁番盆地则高达70.0，是我国干旱的中心。

2. 地质地貌特征

我国沙漠除一部分分布在一些内陆高原及冲积平原上外，绝大部分都分布在内陆盆地中，这些盆地的原始面积大部分为河流冲积和湖积平原，目前沙漠中还可见古代河流及湖泊的痕迹，都以深厚疏松的沙质沉积物为主。这种深厚的沙质沉积物在干旱而多风的气候条件下，易被风吹扬，形成各种类型的沙丘。

（1）风蚀和风积地貌。

风蚀地貌主要是由风和风沙的侵蚀、磨蚀作用形成的。然而，在干旱地区，暂时性的流水作用、物理风化作用对风蚀地貌的塑造也起着积极的影响。干旱地区的降雨多呈暴雨形成，暴雨产生洪流冲刷地面，形成许多冲刷沟，为风蚀发展创造了有利条件。同时，在干旱气候条件下，气温的日较和年较差大，使岩石的物理风化作用进行得非常剧烈，加上盐化作用，岩石崩解破裂，也为风蚀破坏提供了条件，以致形成雅丹、风蚀劣地、残积戈壁等风成地貌类型。

（2）主要沙丘形态。

① 新月形丘沙和沙丘链。

新月形丘沙和沙丘链这种沙丘的平面形态具有新月形，新月的两翼指着下风的方向，迎风坡凸出而平缓，坡度介于 5～200℃之间，背风坡是凸而陡的斜面，即滑落面，倾角为28°～34°。新月形沙丘的高度不大，通常 3～8 米，很少超过 15 米，其宽度一般为高度的 10 倍。新月形沙丘大多零星分布在沙漠边缘地区。在沙塬比较丰富的情况下，许多密集的新月形沙丘相互连接而成一条链锁，称沙丘链。

② 复合新月形沙丘和复合型沙丘链。

复合新月形沙丘和复合型沙丘链是一种横向沙丘。其形态特征是沙丘高大，在巨大沙丘的迎风坡的两翼上，层层叠置着次生沙丘。整个巨大沙丘复合体的走向和优势风向大致相垂直，或成60°～90°的交角。复合新月形沙丘和复合型沙丘链，高度一般在 50～100 米，长度一般为 5～15千米，宽度一般为0.3～0.8 千米，迎风坡缓而长，坡度 8°～12°，背风坡陡而短，坡度 30°。

③ 抛物线沙丘。

抛物线沙丘是一种较特殊的固定、半固定沙丘形态其形态特征与新月形沙丘刚好相反，即沙丘的两翼指向迎风方向，迎风坡平缓而凹进，背风坡陡而呈弧形凸出，平面图形与马蹄相似，又像一条抛物线，故称抛物线沙丘。抛物线沙丘在水分、植被条件较好的半干旱沙区常见。毛乌素沙地有大片抛物线沙丘分布，高度一般在 10～20 米。

④ 沙垄和复合型沙垄。

沙垄和复合型沙垄是一种走向大致平行于起沙风年合成分向的线形沙丘，通常称为纵向沙丘。各个沙漠纵向沙丘的形态所不同。一般高度

10～50米，长度数百米至十余千米，甚至数十千米，垄间距离从数百米到1～2千米。在新疆东部，甘肃西部分布着一种特殊的复合沙垄——羽毛状沙丘。沙丘主要为东北—西南方向顺山坡向上延伸的沙垄，但沙垄之间为一些低矮的弧形沙坝所分割，从而平面图形为羽毛状。沙丘高度不大，一般为10～20米。

⑤ 格状沙丘。

格状沙丘在沙漠中分布比较普遍，由纵横交叉的沙丘所组成，平面形态呈网格状。格状沙丘在我国主要分布在腾格里沙漠的东南部、库布齐沙漠的中部。腾格里沙漠的格状沙丘，是由东北—西南走向平行排列的沙丘链（主梁）和在沙丘链之间产生的西北—东南走向低矮沙埂（副梁）所组成。

⑥ 金字塔沙丘。

金字塔沙丘也称之为星状沙丘，有一个高尖的峰顶，并从顶端向不同方向延伸3个或多个沙脊，有3个以上的滑落面，坡度为25°～30°。

⑦ 圆状沙丘。

圆状沙丘形态特征是两侧斜坡较为对称，没有明显的曲弧形落沙坡，长、宽大致相等，平面图形成圆形或椭圆形，有如馒头，沙丘一般较矮。

⑧ 蜂窝状沙丘。

蜂窝状沙丘是一种固定和半固定的沙丘形态，与沙垄—蜂窝状沙丘的区别是，缺乏固定的沙梁，为中间低而四周无一定方向的沙梁所组成的圆形或椭圆形的沙窝地形。

3. 地区土壤条件

我国的沙漠和沙地主要分布在半干旱、干旱地区，处于草原黑钙土地带、栗钙土地带、半荒漠宗钙土地带和荒漠灰棕漠土地带内。沙地发育的土壤风沙土类型。

（1）流动风沙土。

流动风沙土主要呈新月形沙丘、沙丘链及复合型沙山形态分布。植被极为稀疏，只零星生长沙米、沙竹、黄柳、羊柴、沙蒿、沙拐枣、三芒草等。

（2）半固定风沙土。

半固定风沙土主要有两种类型，一种为流动风沙土上发育的半固定风沙土，另一种为植物丛沙堆上发育的半固定风沙上。

（3）固定风沙土。

固定风沙土也分两种类型。在我国东部地区，地形波状起伏，俗称“坨子地”、“巴拉”，在西部地区，呈沙堆状态，俗称“沙包”、“沙疙瘩”。

（4）草甸风沙土。

草甸风沙土主要的特点是地下水位高，土壤水分充足。在地下水或弱矿化水存在的情况下，地形多为沙丘间低地，植被为草甸草本或灌木。

第四节　水资源的资产化

一、水资源的概念

地球上的水资源，从广义来说是指水圈内水量的总体。包括经人类控制并直接可供灌溉、发电、给水、航运、养殖等用途的地表水和地下水，以及江河、湖泊、井、泉、潮汐、港湾和养殖水域等。水资源是发展国民经济不可缺少的重要自然资源。在世界许多地方，对水的需求已经超过水资源所能负荷的程度，同时有许多地区也濒临水资源利用之不平衡。

二、我国水资源的分类

按存在形式分类：地表水和地下水。地表水一般指坡面流和壤中流，即地表水体的动态部分，地下水主要指浅层地下水。

按测算方法分类：实测河川径流量；天然径流量；可利用水资源量；可供水量。

按形成条件分类：当地水资源和入境水资源。

按利用方式分类：河外用水和河内用水。河外用水可分为生产、生活用水；河内用水用于发电、航运、养殖、旅游、生态环境水。

三、我国水资源及其分布

我国河流较多，流域面积在1000平方千米以上的大河流共计1598条，总长达42万千米，流域面积大约667万平方千米，地表径流27800亿立方米，地下径流6000亿立方米。全国水能蕴藏量6. 8 ×108亿kW，占世界总量13. 5%，可开发水能蕴藏量3. 78 ×108亿kW，占世界总量16. 8%。

我国水资源分布特点：年内分布集中，年间变化大；黄河、淮河、海河、辽河四流域水资源量小，长江、珠江、松花江流域水量大；西北内陆干旱区水量缺少，西南地区水量丰富。

水资源总数多，人均占有量少，中国水资源总量居世界第四位。人均占有量仅为世界平均值的1/4，约为日本的1/2，美国1/4，俄罗斯的1/12。

水资源区域分布不相配，全国水资源80%分布在长江流域及其以南地区，人均水资源量3490立方米，亩均水资源量4300立方米，属于人多、地少，经济发达，水资源相对丰富的地区。长江流域以北广大地区的水资源量仅占全国14.7%，人均水资源量770立方米，亩均约471立方米，属于人多、地多，经济相对发达，水资源短缺的地区，其中黄淮海流域水资源短缺尤其突出。中国内陆地区水资源量只占全国的4.8%，生态环境不太强，开发利用水资源受到生态环境水的制约。我国人均每年水资源占有量为2730立方米，加拿大为12000立方米，美国为10000立方米。有360亿立方米污水排进江里，其中80%是未加处理全国有1.7亿人饮用受到污染的水。

四、水资源的特点

1. 周期性、必然性和偶然性

水资源的基本规律是指水资源（包括大气水、地表水和地下水）在某一时段内的状况，它的形成都具有其客观原因，都是一定条件下的必然现象。但是，从人们的认识能力来讲，和许多自然现象一样，由于影响因素复杂，人们对水文与水资源发生多种变化的前因后果的认识并非十分清楚。故常把这些变化中能够作出解释或预测的部分称之为必然性。例如，河流每年的洪水期和枯水期，年际间的丰水年和枯水年；地下水位的变化也具有类似的现象。由于这种必然性在时间上具有年的、月的甚至日的变化，故又称之为周期性，相应地分别称之为多年期间，月的或季节性周期等。而将那些还不能作出解释或难以预测的部分，称之为水文现象或水资源的偶然性的反映。任一河流不同年份的流量过程不会完全一致；地下水位在不同年份的变化也不尽相同，泉水流量的变化有一定差异。这种反映也可称之为随机性，其规律要由大量的统计资料或长系列观测数据分析。

2. 利用的多样性

水资源是被人类在生产和生活活动中广泛利用的资源，不仅广泛应用于农业、工业和生活，还用于发电、水运、水产、旅游和环境改造等。在各种不同的用途中，有的是消耗用水，有的则是非消耗性或消耗很小的用水，而且对水质的要求各不相同。这是使水资源一水多用、充分发展其综合效益的有利条件。此外，水资源与其他矿产资源相比，另一个最大区别是：水资源具有既可造福于人类，又可危害人类生存的两重性。

水资源质、量适宜，且时空分布均匀，将为区域经济发展、自然环境的良性循环和人类社会进步做出巨大贡献。水资源开发利用不当，又可制约国民经济发展，破坏人类的生存环境。如水利工程设计不当、管理不善，可造成垮坝事故，也可引起土壤次生盐碱化。水量过多或过少的季节和地区，往往又产生各种各样的自然灾害。水量过多容易造成洪水泛滥，内涝渍水；水量过少容易形成干旱、盐渍化等自然灾害。适量开采地下水，可为国民经济各部门和居民生活提供水源，满足生产、生活的需求。无节制、不合理地抽取地下水，往往引起水位持续下降、水质恶化、水量减少、地面沉降，不仅影响生产发展，而且严重威胁人类生存。正是由于水资源利害的双重性质，在水资源的开发利用过程中尤其强调合理利用、有序开发，以达到兴利除害的目的。

3. 重要性

是自然资源的重要组成部分，是所有生物的结构组成和生命活动的主要物质基础。从全球范围讲，水是连接所有生态系统的纽带，自然生态系统既能控制水的流动又能不断促使水的净化和循环。因此水在自然环境中，对于生物和人类的生存来说具有决定性的意义。

人体内的水部分，大约占到体重的65%。其中，血液含水83%，肌肉含水76%，脑髓含水75%，皮肤含水72%，骨骼含水22%，结缔组织含水60%~80%，脂肪组织含水25%~30%，汗含水99.9%，唾液含水99.4%，尿含水约95%，血浆含水92%，胆汁含水90%以上，乳含水89%，血液含水83%，红细胞含水65%，肾含水82%。

海水是咸水，不能直接饮用，所以通常所说的水资源主要是指陆地上的淡水资源，如河流水、淡水、湖泊水、地下水和冰川等。陆地上的淡水资源只占地球上水体总量2.53%左右，其中近70%是固体冰川，即分布在两极地区和中、低纬度地区的高山冰川，还很难加以利用。目前人类比较容易利用的淡水资源，主要是河流水、淡水湖泊水，以及浅层地下水，储量约占全球淡水总储量的0.3%，只占全球总储水量的十万分之七。据研究，从水循环的观点来看，全世界真正有效利用的淡水资源每年约有9000立方千米。

地球上水的体积大约有1360000000立方千米。海洋占132000万立方千米（约97.2%）；冰川和冰盖占了2500万立方千米（约1.8%）；地下水占了1300万立方千米（约0.9%）；湖泊、内陆海和河里的淡水占了25万立方千米（约0.02%）；大气中的水蒸气在任何已知的时候都占了13000立方千米（约0.001%），也就是说，真正可以被利用的水源不到0.1%。

第五节　森林生态环境

森林属于人类自然环境，其组成包括乔木、灌木、草本植物、地被植物、动物以及微生物等生物成分，也包括土壤、大气、气候、水分、岩石、阳光、温度等周围的非生物环境，它们之间互相作用、互相影响而形成一个统一体。

从环境学角度看，相对于人类而言，森林生态系统也可以认为是森林环境，它是以森林生物为主题，结合一定的地理条件，呈现一定的特性和发挥独特作用的地域空间；森林资源环境是遍及整个时间的一个三维空间地域，既存在着垂直变化和水平变化，也存在着周期和非周期的变化。森林资源环境是人类生存发展的基础，同时也是人类开发和利用的对象。

森林资源环境是由许多成分组成的，这些成分包括森林资源物理环境（森林大气环境、森林土壤环境、森林水环境等）、森林资源生物环境（森林植物环境、森林动物环境、森林微生物环境）以及人类对森林的影响和作用，它们即森林环境要素。

一、森林生态环境的特点

森林资源环境作为人类环境的一种，除了具有环境的一般特性外，还具有自己显著的特点。

（一）整体性

森林环境是从环境学角度去认识森林这个生态系统，其组成的成本即森林环境要素之间必然是相互影响、相互依存、相互制约，从而构成一个有机的整体。其中的环境要素也有自己的发生发展规律，但它们独自的改变必然会引起相关因素的相应变化，进而影响森林环境的变迁。

森林环境中的能量流动、物质循环和信息传递活动在随时进行着，这些过程涉及森林环境的每一个要素，这样的整体性才能保证森林生态系统的平衡和发展。

（二）多样性

森林环境结构复杂，层次繁多，其中包括乔木、灌木、草本植物、地被植物、动物以及微生物等生物成分，也包括土壤、大气、气候、水分、岩石、阳光、温度等周围的非生物环境；而且它们在不同的时空条件下，表现出不同的状态和功能，在历史上森林发展不同的时期，森林环境也是不同的。在不同的地理位置和条件下，森林环境呈现很显著水平地带谱和垂直地带谱。可见，森林环境具有资源多样性、生物多样性、景观多样性、环境多样性、人文多样性、用途多样性、功能多样性和时空多样性。

森林环境的多样性使得其应用范围极为广泛，遍及社会生活的每一方面。因此人类只有以此多宜的特性对森林环境进行多因素、多变量的系统分析，确定最佳保护和利用方案，从而高效率发挥森林环境的潜力。

（三）有限性

森林环境在地球上的分布式有限的，因为它是在特定的自然条件下形成的，南极、北极、沙漠等就不具备产生森林环境的条件。森林虽然是可再生资源，但其具有一定复合限度；而且，森林环境作为一种生态系统，对于外部的干扰具有一定的自我调节能力，即缓冲功能，但过度的开发利用或严重污染，以及使森林环境遭受到严重的破坏，甚至使得某些森林环境完全消失。所以对森林环境的利用必须认识到其有限性。

（四）公益性

森林环境不仅对生物生存的自然环境具有重要的改良作用，而且具有种类繁多的各种生物和各种基因、储量巨大的能源、水和二氧化碳，森林环境可以生成氧气，并净化污染，这些均是森林环境无偿造福人类和生物的公益特性。

二、森林环境的服务功能

森林是陆地生态系统的主体，占有陆地面积近 30%，其中的生物量为地球上的 60% 以上，具有巨大的生态、经济和社会效益，森林环境是人类生存不可缺少的组成部分，它对人类的发展起着重要的作用。

（一）经济功能

森林环境的经济功能是其直接提供给人们的物质产品，这也可称为森林环境的直接效益。人类的生产、生活都与森林环境提供的物质产品有关，而且有些林产品对人类的经济功能是不可替代的。

森林环境的经济功能可分为林产品、食物产品、工业原料、药材和工艺产品原料等，譬如：木材、燃料、饲料、水果、蔬菜、食用菌、颜料、毛皮、人参、黄柏、根雕、盆景等。

（二）生态功能

森林环境除了其直接功能外，也可以改善人类的其他自然环境条件，表现出其显著的生态功能。森林环境通过影响大气圈、水圈、土壤岩石圈和生物圈等与人类生活密切相关的周围环境的状态和质量，为人类的生存和发展提供有间接影响的良好环境。

1. 森林环境对大气圈的影响

森林有效地减缓温室效应，森林的绿色植物通过光合作用吸收二氧化碳，释放出大量的氧气，因此造成二氧化碳在植物体内的积累。陆地生态系统的碳储量约达 5600 亿 ~ 8300 亿吨，其中 90% 的碳贮于森林，热带雨林是二氧化碳有效的储存库和调节器，其碳储量占全球陆地碳储量的 25% 。目前热带雨林的破坏就使二氧化碳的固定量减少了 2 亿吨。

森林可以净化空气，森林对大气污染物有一定的吸收与净化作用。美国环保局的研究结果表明，森林对烧垦产生的气溶胶有很高的吸附能力。森林可以降低风速、吸附漂尘、减少细菌的载体，从而使大气中细菌的数量大大减少，而且许多树木的分泌物可以杀死细菌、真菌和原生物的杀菌素、负离子和芳香化合物，提高大气质量。

森林能够调节温度和湿度，树冠可遮挡太阳辐射、防止风害、阻止干旱风的形成、防止霜冻、拦截沙尘暴，并增加周边地区湿度，从而使得一定范围的区域气候具有湿润、舒适、缓和的特征。

2. 森林环境对水圈的影响

森林可促进水分循环和影响大气环流，增加陆地降水。森林通过植物蒸腾、林地蒸发和叶面、树干等拦截的水分的蒸发等过程来使水分进入大气，促进水分的循环；另外，林区上空空气因为森林的蒸腾量大而非常湿润，林区经常出现云多、雾多、水多的现象，进而影响陆地水循环。据目前权威性的估计，有58%的森林蒸腾水汽又降到陆地上，这可增加21.6毫米的陆地降水量，占陆地年均降水量的2.9%。

“森林是绿色水库”，有很好的涵养水源的作用，可以缓解水资源危机。森林的林地含有大量的枯枝落叶和腐殖质，而且土壤疏松，可吸收和保持大量降水，减轻与阻止洪水灾害，增加了枯水期河水流量，调节河川流量；森林可防止水土流失，维护江、河、湖、库的蓄积能力，延长设施寿命。

森林的土壤的特殊结构能过滤和吸附水中的污染物，从而起到净化水质的作用。

3. 森林环境对土壤岩石圈的影响

森林可防止水土流失。森林树冠截留、下木草本阻拦、枯落物蓄水的作用，使土地不会流失。森林土壤的稳渗率一般多在200毫米/小时以上，所以下雨再大也出现不了地表径流。

森林能有效遏制沙漠化。森林植被具有地上的多层次结构和地下发达的根系，可以进行固土，减少风蚀。科学与实践表明，林网面积超过10%，沙地植被盖度超过0.3，沙暴的危害就会减少到最小限度。

森林可防止地力衰退，森林土壤具有很好的理化性质（高含量的有机质、高孔隙度、活性胶体颗粒、高吸附和渗透作用），可以提高土壤中的N、P、K和微量元素的含量。

4. 森林环境对生物圈的影响

森林可以有效地保护生物多样性，森林是物种多样性最丰富的地区之一，森林占陆地面积不到1/3，但生物量却占整个陆地生态系统的90%，地球上500万~1000万种生物有1/2的生活在森林中，其中200万~400万物种就在热带雨林中。森林生态系统的时空结构最为复杂，又有较强的反馈能力、弹性和稳定性，拥有动植物种群、结构、遗传与环境的多样性，是动植物赖以生存、物种进化和产生新种的基础与保证。如果森林面积减少 1/10，能继续生存在森林中的物种将减少 1/2。

森林不仅具有最高的生物量，而且具有最高的生物生长量，陆地生产量的 70% 是森林生产的，单位面积森林的平均年生物量约是草原的 21 倍，生长量是草原的 3 ~4 倍。森林对陆地生物圈的生存起主体的支撑作用。它也对农田、草原、湿地等生态系统的生物多样性产生了很大的影响。

森林对生物圈的水分循环、碳氧和其他气体的循环、土壤元素的地球化学循环均有重要的影响，森林环境的状态变化必然影响生物圈及其环境，从而影响全球生态平衡。

5. 森林环境的其他生态功能

森林的小环境气候对人体有良好的影响，森林的空气清洁、湿润，含有大量的负离子和芬芳的香味，细菌和飘尘较少，光线柔和，噪声很小，温度适宜，具有良好的卫生保健和陶冶情操的作用。

森林能减轻或消除噪声污染，噪声经树叶各方不规则的反射而使声波快速衰减，同时噪声声波所引起的树叶微振也消耗声能；森林还能优先吸收对人体危害最大的高频和低频噪声。

6. 对人类文明和命运的影响

森林维系着人类的前途和命运，森林孕育了人类的文明，森林文明是人类最早的文明形式，也是人类最基本和永恒的文明形式。虽然人类对森林的直接依赖型有所降低，但对森林的整体依赖性并没有减少，因为人类社会的生存和发展与森林环境息息相关。没有了森林资源，人类社会失去其最基本的生命维系系统，也失去了经济发展和社会进步的基础，人类文明也就衰落。历史证明，森林能促进人类文明，也能因森林毁掉而使文明毁于一旦。约 500 年前哥伦布登上海地时曾赞叹："这里是人间最美丽的地方"，然而经过数百年的殖民统治，98% 的森林已荡然无存，昔日人间天堂变成了一片荒漠。

第八章 森林经营相关知识

第一节 林分调查因子测定

为了揭示森林生长演替规律及科学经营、管理、利用森林，有必要将大片森林按其本身的特征和经营管理的需要，区划成若干个内部特征相同且与四周相邻部分有显著区别的小块森林，这小块森林称作林分。为了将大片森林划分为林分，必须依据能够客观反映林分特征的因子，这些因子称为林分调查因子。只有通过林分调查，才能掌握其调查因子的质量和数量特征。林分调查和森林经营中最常用的林分调查因子主要有：林分起源、林相、树种组成、林分年龄、林分密度、立地质量、林木的大小（直径和树高）、数量（蓄积量）和质量（出材量）等，这些因子的差别达到一定程度时就视为不同的林分。

一、林分起源

根据林分起源，林分可分为天然林和人工林，由天然下种、人工促进天然更新或萌生所形成的森林称作天然林；以人为的方法供给苗木、种子或营养器官进行造林并育成的森林称为人工林。无论天然林或人工林，凡是由种子起源的林分称为实生林；当原有林木被采伐或自然灾害（火烧、病虫害、风害）等破坏后，有些树种先由根株上萌发或根蘖形成的林分，称作萌生林或萌芽林。萌生林大多数为阔叶树种，如山杨、白桦、栎类等，但少数针叶树种如杉木，也能形成萌生林。

起源不同的林木其生长过程也不同，萌生林在早期生长较快，衰老也早，并且一般病腐率（主要是心腐）较高，材质差，采伐年龄一般也比实生林小。因此．对于同一树种而起源不同的林分，不仅采伐经营措施不同，而且在营林中所使用的数表也不相同。确定林分起源可靠的方法主要是考查已有的资料、现地调查或访问等方式。现地调查时，可根据林分特征进行判断，如人工林有规则的株行距，树种单纯或者几个树种在林地上的分布具有某种明显的规律性。天然林则相反，没有规则的株行距，林木分布也不均匀，若林分内有几个树种时，树种呈团状分布，一般林木年龄差别甚大，这些林木特征有助于判断林分起源。

二、林相

林分中乔木树种的树冠所形成树冠层次称作林相或林层。明显只有一个树冠层的林分称作单层林；乔木树冠形成两个或两个以上明显树冠层次的林分称作复层林。在复层林中，蓄积量最久、经济价值最高的林层为主林层，其余为次林层。将林分划分林层不仅有利于经营管理，而且有利于林分调查，研究林分特征及其变化规律。我国《森林资源规划设计调查技术规程》（GB/T 26424—2010）规定，林层划分应满足以下四个条件：

（1）各林层蓄积量大于30立方米/公顷；

（2）相邻林层间平均高相差20%以上；

（3）各林层林木平均胸径在8厘米以上；

（4）主林层郁闭度大于0.3，其他林层郁闭度不小于0.2。

这些标准是人为确定的划分林层的一般标准，同时满足这4个条件就能划分林层，目前我国的森林资源规划设计调查采用这一标准。但有时在实际工作中，还可以根据具体情况因地制宜地做出相应的变动，如在热带雨林中，林木树冠呈垂直郁闭，很难划分林层，在这种情况下则可以不必划分林层。

林层序号以罗马数字Ⅰ、Ⅱ、Ⅲ等表示，最上层为第Ⅰ层，其次为第Ⅱ、第Ⅲ层等。

三、树种组成

组成林分的树种成分称树种组成。由一个树种组成的林分称纯林，而由两个或更多个树种组成的林分称混交林。在混交林中，为表达各树种在组成林分中所占的成分，而分别以各树种的蓄积量（或断面积）占林分总蓄积量（或总断面积）的比重来表示，这个比重叫树种组成系数。组成系数通常用十分法表示，即各树种组成系数之和等于“10”。由树种名称及相应的组成系数写成组成式，例如杉木纯林，则林分组成式为“10 杉”。

在混交林中，蓄积量比重最大的树种称为优势树种。在组成式中，优势树种应写在前面，例如，一个由马尾松和杉木组成的混交林，林分总蓄积量 285 立方米，其中，马尾松的蓄积量为 216.6 立方米，杉木蓄积量为 68.4 立方米，各树种的组成系数分别为：

马尾松：$216.6/285=0.76\approx0.8$

杉木：$68.4/285=0.24\approx0.2$

该林分的树种组成式为：8 松 2 杉

蓄积量不足林分总蓄积量 5% 的树种不记载。

另外，在一个地区既定的立地条件下，林分中最适合经营目的的树种称“主要树种”或“目的树种”。当林分中主要树种与优势树种不一致时，若两者蓄积量相等，则应在组成式中把主要树种写在前面。

在实践中，一个树种（组）蓄积量占总蓄积量的 65% 以上的林分仍视为纯林，不到 65% 的林分视为混交林。另外，由于胸高断面积测定比蓄积量测定容易，所以在实践中常以断面积代替蓄积量确定树种组成。

对于复层林，组成式应分林层记载。

四、林分年龄

树木自种子萌发后生长的年数为树木年龄，对于林分，常以组成林分的林木平均年龄表示林分年龄。根据年龄，可把林分分为同龄林和异龄林。严格地说，林分中所有林木的年龄都相同的林分称为同龄林。与此相反，林分中大部分林木年龄均不相同则为异龄林。按照这个划分标准，一般人工营造的林分可为同龄林，另外，在火烧迹地或小面积皆伐迹地上更新起来的林分有可能成为同龄林。而多数天然林分，一般为异龄林。

由于树木生长及经营周期较长，确定树木准确年龄又很困难，因此，林分年龄不是以年为单位，而是以龄级为单位表示，林分内树木年龄差别在一个龄级以内，可视为同龄林；超过一个龄级的称作异龄林。按照这个划分标准，在同龄林中，林分内所有林木的年龄都相同的林分又称为绝对同龄林，而组成林分的林木年龄相差不足一个龄级的林分又称为相对同龄林。

对于绝对同龄林分，林分中任何一株林木的年龄就是该林分年龄；而对于相对同龄林或异龄林，通常以林木的平均年龄表示林分年龄。对于异龄林，以主要树种或目的树种的平均年龄作为林分的年龄。

对于复层林，通常按林层分别记载年龄，而以各层优势树种的年龄作为林层的年龄。

确定树木年龄可靠的方法是伐倒树木，查数根茎部位的年轮数。对于轮生枝明显的树种，如红松、油松、马尾松等针叶树种，在年龄不详时，可通过查数轮生枝的方法确定树木年龄。在伐树比较困难的地区，也可以利用生长锥钻取胸高部位的木芯查数年轮数，此为胸高年龄，再加上树木生长到胸高时的年数，即为该树木的年龄。

五、平均胸径

林分平均断面积（$\bar{g}$）是反映林分林木粗度的指标，但为了表达直观，方便起见，常以林分平均断面积 $\bar{g}$ 所对应的直径 Dg 代替，直径 Dg 则称为反映林分林木粗度的平均胸径。在实际工作中，Dg 也简称为林分平均直径，但是 Dg 实际上是林木胸径的平方平均数，而不是林木胸径的算术平均数。这由 Dg 的计算过程便可以看出，即：

$$D_g = \sqrt{\frac{4}{\pi}\bar{g}} = \sqrt{\frac{4}{\pi}\frac{1}{N}\sum_{j=1}^{N} g_j}$$

$$= \sqrt{\frac{4}{\pi}\frac{1}{N}\sum_{j=1}^{N}\frac{\pi}{4}d_j^2} = \sqrt{\frac{1}{N}\sum_{j=1}^{N} d_j^2} \qquad (8-1)$$

式中：d_j——第 j 株树的胸径；

N——量测胸径的株树。

根据数理统计方差定义，可知林分平方平均胸径（Dg）与林分算术平均胸径（$\bar{d}$）的关系为：

$$\sigma^2 = \frac{1}{N}\sum_{j=1}^{N}(d_j^2 - \overline{d^2})$$

因为 $$Dg^2 = \frac{1}{N}\sum_{j=1}^{N} d_j^2$$

所以 $$\sigma^2 = D_g^2 - \overline{d^2}$$

即 $$Dg^2 = \overline{d^2} + \sigma^2$$

由此可看出林分平方平均胸径（D_g）大于林分算术平均胸径（$\bar{d}$）。

在实际工作中，林分胸径一般按径阶记录，则林分平方平均胸径（D_x）的计算公式更改为：

$$Dg = \sqrt{\frac{1}{N}\sum_{j=a}^{k} n_j d_j^2} \qquad (8-2)$$

式中：d_j——第 j 径阶的组中值；

n_j——第 j 径阶的株数；

k——径阶个数；

N——量测胸径的株树。

有时为了估算林分平均直径，也可以目测选出接近中等大小的林木3～5株，实测林木胸径，以其平均值作为林分平均直径，这种估算方法也适用于混交林中伴生树种的平均胸径计算。

对于复层混交林，按林层分别树种计算平均直径，而各林层并不计算林层平均直径。

六、平均高

林木的高度是反映林木生长状况的数量指标，同时也是反映林分立地质量高低的重要依据。平均高则是反映林木高度平均水平的测度指标，根据不同的目的，通常平均高又分为林分平均高和优势木平均高。

1. 树高测定

树干的根径至主干梢顶的长度称为树高，测量单位是 m，一般要求精确至0.1米。树高通常用 H 或 h 表示。树高的测定仪器称为测高器。布鲁莱斯（Blume－Leiss）测高器是目前我国最常用的测高器，其构造如图8－1，测高原理为三角函数原理，如图8－2中所示。由图8－2可得全树高 H 为：

$$H = AB \cdot \tan\alpha + AE \qquad (8-3)$$

式中：AB——水平距；

$H = CB + BD$；

AE——眼高（仪器高）；

$BD = AE$；

α——仰角。

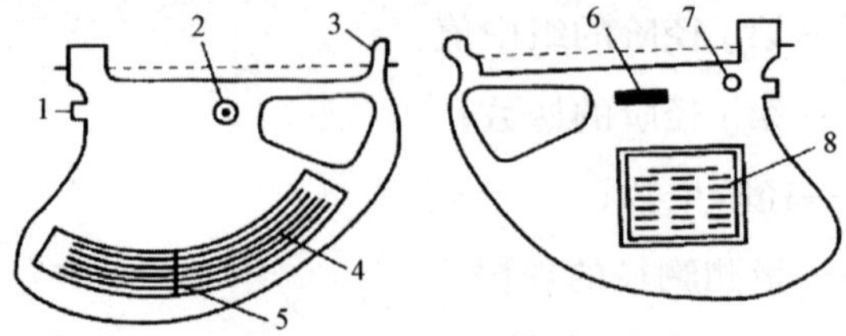

图 8-1　布鲁莱斯测高器构造

1. 制动按钮　2. 视距器　3. 瞄准器　4. 刻度盘　5. 摆针
6. 滤色镜　7. 启动钮　8. 修正表

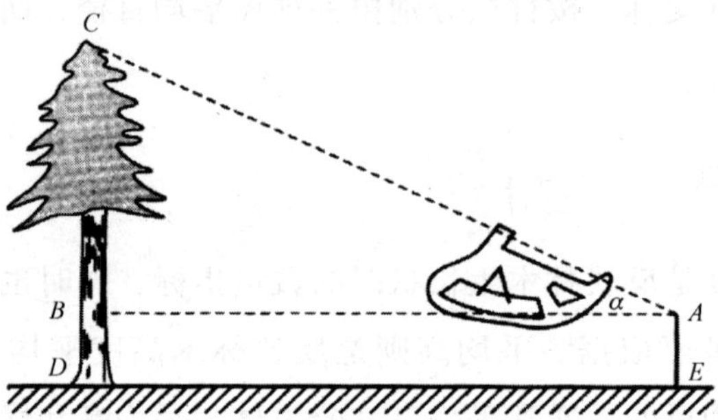

图 8-2　布鲁莱斯测高器测高

在布鲁莱斯测高器的指针盘上，分别有几种不同水平距离的高度刻度，在平地使用时，先要测出测点至树木水平距离，且要等于整数 10 米、15 米、20 米、30 米，测高时，按动仪器背面制动按钮，让指针自由摆动，用瞄准器对准树梢后，即按下制动钮，固定指针，在刻度盘上读出对应于所选水平距离的树高值，再加上测者眼高 AE 即为树木全高 H。

在坡地上，先观测树梢，求得 h_1；再观测树基，求得 h_2。若两次观测符号相反（仰视为正，俯视为负），则树木全高 $H = h_1 + h_2$，如图 8-3a 所示。若两次观测值符号相同，则 $H = h_1 - h_2$。

如图 3-3b 所示。

使用布鲁莱斯测高器，其测高精度可达 ±5%。为获得比较正确树高值一般应注意：

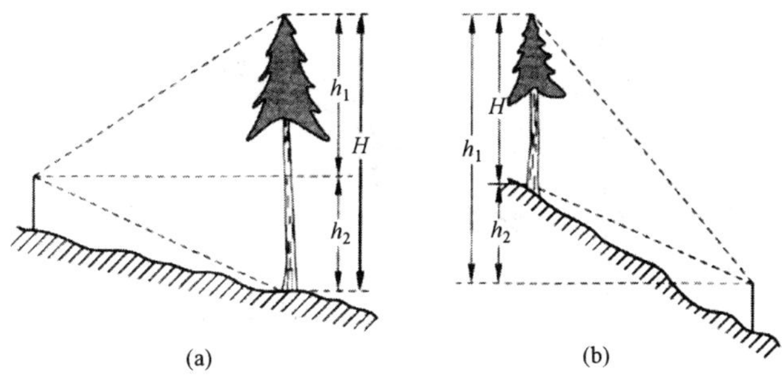

图 8－3　在坡地上测高

（1）选择的水平距应尽量接近树高，在这种条件下测高误差比较小。

（2）当树高太小（小于5 米）时，不宜用布鲁莱斯测高器，可采用长杆直接测高。

（3）对于阔叶树应注意确定主干梢头位置，以免测高值偏高或偏低。

2. 林分平均高

树木的高生长与胸径生长之间存在着密切的关系，两者之间的关系常用树高—胸径曲线表示，把反映树高随胸径变化的曲线称为树高曲线，如图 8－4 所示，图中各散点的数字表示该散点所代表的林木株数。在树高曲线上，与林分平均直径（D_g）相对应的树高，称为林分条件平均高，简称平均高（H_D）。

另外，根据各径阶中值由树高曲线上查得的相应树高值，称为径阶平均高。在林分调查中为了估算林分平均高树高，以其算术平均数作为林分平均高。

在林分中选测 3～5 株与林分平均直径相近的林木除了上述反映林分总体平均水平的平均高以外，实践中还采用林分中少数“优势木或亚优势木”的算术平均高代表林分优势木平均高。

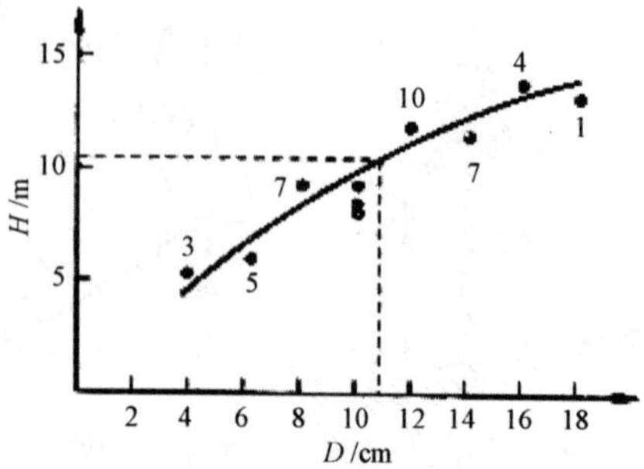

图 8－4　树高曲线图

3. 优势水平均高

优势木平均高可定义为林分中所有优势木或亚优势木高度的算术平均高。优势木平均高常用于鉴定立地质量和不同立地质量下的林分生长的对比。因为林分平均高受抚育措施（下层抚育）影响较大，不能正确地反映林分的生长和立地质量，譬如，林分在抚育采伐的前后，立地质量没有任何变化，但林分平均高却会有明显的增加，这种“增长”现象称为“非生长性增长”。若采用优势木平均高就可以避免这种现象的发生。

七、立地质量

立地质量（又称地位质量）是对影响森林生产能力的所有生境因子（包括气候、土壤和生物）的综合评价的一种量化指标。林木生产力的高低，除与林地的立地质量有关外，还与林木生物学特性有着密切关系。所以，反映林分生产力高低的立地质量，与林地上的树种有关。在实际工作中，不能离开生长着的树种评定林分立地质量。评定指标有地位级和地位指数，根据林分平均树高和平均年龄查地位级表可确定地位级，地位指数是反映在标准年龄时优势木所能达到的树高值，由优势木平均树高和优势木平均年龄查地位指数表可得。

测定立地质量（或林分生产力等级）是开展森林经营活动的重要基础工作。譬如，选择适地适树的造林树种，确定造林密度、制定营林技术方案和经营方法等都与立地质量有关。另外，评定立地质量，也是编制各种林业经营数表、研究林分生长规律、预估森林生长与收获等各项工作的重要基础。

八、林分密度

林分密度是说明林木对其所占有空间的利用程度。它是影响林分生长和木材数量、质量的重要因子。在森林经营管理中，最基本的任务之一，就是在森林整个生长过程中，通过人为干预，使林木处在最佳密度条件下生长，以便提供最高木材产量或发挥最大的防护效益。立地条件、树种及林龄不同时，其林分的最佳密度也不相同。林分密度对林木生长、林木干形都有很大的影响。对于整个林分来说，林分密度过稀时，不仅影响木材的数量，同时也影响木材质量。另外，也并非林分密度越大越好，林分密度过大，由于林木之间的竞争，会产生抑制林木生长的现象。只有使林分处于合理的、最大限度的利用了所占有的空间时，才能使林分提供量多质高的木材及充分发挥森林的防护效益。因此，林分密度在森林经营管理中具有重要的意义。

我国现行常用的林分密度指标有以下几种：

1. 株数密度

单位面积上的林木株数称株数密度，常用 N（株/公顷）表示。单位面积上林木株数多少，直接反映出每株林木平均占有的营养面积和空间的大小。它是造林、营林、林分调查及编制林分生长过程表或收获表中经常采用的林分密度指标。由于林分株数密度测定方法简单易行，所以，在实践中被广泛采用，譬如，在实际生产中，常用林分的初始株数密度（即造林时的单位面积上的林木株数）来表示林分密度。不过，株数密度与林龄、立地质量等因子的关系紧密，作为密度指标，这一点是不足之处。

2. 每公顷断面积

林地上每公顷的林木胸高断面积之和即为每公顷断面积，常用 G（平方米/公顷）表示。由于断面积易于测定，而且断面积的大小与林木株数和林木大小有关，同时，它又与林分蓄积量紧密相关，所以，每公顷断面积也是一个广泛使用的林分密度指标。

在既定的年龄和立地条件下，对于经营措施相同的同龄林，或具有稳定的年龄分布的异龄林，在林分生长和收获预估中经常采用每公顷断面积作为林分密度指标。

另外，由于在林分生长发育过程中，平均单株断面积的增加与林分株数的减少并不呈现出某一固定的关系。因此，林分断面积是一个随林分生长而变化的密度指标。此外，株数与平均个体大小的不同组合有可能导致相同的每公顷断面积。例如有两个林分其平均胸径（D_g）和 N 分别为：10 厘米、2500 株/公顷及 20 厘米、637 株/公顷，但这两个林分的每公顷断面积均为 20 平方米/公顷，然而这两个林分的材种出材量及经济效益会截然不同。这些原因导致该指标在实际应用中受到限制。

3. 疏密度

林分每公顷胸高断面积（或蓄积量）与相同立地条件下标准林分每公顷胸高断面积（或蓄积量）之比，称为疏密度，以 P 表示：

$$p = \frac{G_{理}}{G_{标}} \quad 或 \quad P = \frac{M_{理}}{M_{标}} \qquad (8-4)$$

式中：$G_{理}$、$M_{现}$——现实林分每公顷断面积和蓄积量；

$G_{标}$、$M_{标}$——标准林分每公顷断面积和蓄积量。

所谓标准林分，可理解为“某一树种在一定年龄、一定立地条件下最完善和最大限度地利用了所占有空间的林分”。这样的林分在单位面积上具有最大的胸高断面积（或蓄积量），标准林分的疏密度定为"1.0"。以这样的林分为标准，衡量现实林分，所以现实林分的疏密度一般小于1.0。列出标准林分每公顷胸高总断面积和蓄积量依林分平均高而变化的数表，简称标准表，标准表的具体使用方法如下：

（1）确定林分的平均高。

（2）根据林分优势树种选用标准表，由表上查出对应林分平均高的每公顷胸高断面积（或蓄积量）。

（3）用式（8－4）计算林分的疏密度（P）。

4. 郁闭度

林分中林冠投影面积与林地面积之比，称为郁闭度。它可以反映林木利用生长空间的程度。根据郁闭度的定义，测定林分郁闭度既费工又困难，在一般情况下常采用一种简单易行的样点测定法，即在林分调查中，机械设置10个样点，在各样点位置上采用抬头垂直仰视的方法，判断该样点是否被树冠覆盖，统计被覆盖的样点数，被覆盖的样点数除以设置的点数即为郁闭度。

九、蓄积量

林分中所有活立木材积的总和称林分蓄积量。常以M（立方米/公顷）表示。林分蓄积量是重要的林分调查因子之一，测定方法很多，将在本章第二节介绍。

十、材种出材量

林分蓄积量是个数量指标，它不能全面地反映林分林木材积的经济利用价值的大小。例如，两个蓄积量相等的林分，但各径阶林木株数的多少、木材缺陷及病腐程度不同，则可利用的、符合用材标准的材种出材量不相同，即两个林分的木材经济利用价值不同。因此在林分调查中，除了调查林分蓄积量之外，还应调查林分材种出材量，林分材种出材量测定方法将在本章第二节介绍。

以上调查因子可通过设置标准地进行调查，这种标准地要求能够充分反映所在林分的平均状态，它应该是整个林分的缩影，通过标准地调查可以获得林分各调查因子的数量或质量指标，即根据标准地调查结果，按面积比例推算整个林分的调查结果。因此，林分调查的准确程度取决于标准地对该林分的代表性及调查工作的质量。在设置林分调查标准地时，应对待测林分总体进行全面、深入地踏查，目测林分各主要调查因子，初步掌握林分主要调查因子的平均水平，在此基础上选择适当地块作为标准地。在选定标准地时，切忌带有挑选好地段的主观意识，应注意标准地的充分代表性。有时可设置半径为 3.26 米的样圆，代替标准地，采用群状样圆调查。

第二节　森林资源调查主要技术标准

一、森林类别

（一）生态公益林

以保护和改善人类生存环境、维持生态平衡、保存物种资源、科学实验、森林旅游、国土保安等需要为主要经营目的的森林、林木、林地，包括防护林和特种用途林。依据 GB/T 18337.2 的有关要求区划为特殊保护、重点保护和一般保护三个保护等级。

生态公益林按事权等级划分为国家级公益林和地方公益林。国家级公益林区划界定执行《国家林业局 财政部 重点公益林区划界定办法》的相关规定。

（二）商品林

以生产木材、竹材、薪材、干鲜果品和其他工业原料等为主要经营目的的森林、林木、林地，包括用材林、薪炭林和经济林。

二、林种

有林地、疏林地和灌木林地根据经营目标的不同分为 5 个林种、23 个亚林种，分类系统见表 8－1。

表 8－1　林种分类系统表

林　种	亚林种
（一）防护林	11. 水源涵养林
	12. 水土保持林
	13. 防风固沙林
	14. 农田牧场防护林
	15. 护岸林
	16. 护路林
	17. 其他防护林
（二）特种用途林	21. 国防林
	22. 实验林
	23. 母树林
	24. 环境保护林
	25. 风景林
	26. 名胜古迹和革命纪念林
	27. 自然保护区林

续表

林　种	亚林种
（三）用材林	31. 短轮伐期工业原料用材林
	32. 速生丰产用材林
	33. 一般用材林
（四）薪炭林	41. 薪炭林
（五）经济林	51. 果树林
	52. 食用原料林
	53. 林化工业原料林
	54. 药用林
	55. 其他经济林

当某地块同时满足一个以上林种划分条件时，应根据先生态公益林、后商品林的原则区划。商品林的亚林种按适地适树原则确定，公益林的二级林种按以下优先顺序确定：

（1）国防林；

（2）自然保护区林；

（3）名胜古迹和革命纪念林；

（4）风景林；

（5）环境保护林；

（6）母树林；

（7）实验林；

（8）护岸林；

（9）护路林；

（10）防火林；

（11）水土保持林；

（12）水源涵养林；

（13）防风固沙林；

（14）农田牧场防护林。

三、树种（组）、优势树种（组）与树种组成

（一）树种（组）

主要调查树种（组）原则上与《国家森林资源连续清查技术规定》一致。各地可依据《中华人民共和国主要林木目录（第一批）》等规定，根据当地实际增加调查树种（组）。

（二）优势树种（组）

在乔木林、疏林小班中，按蓄积量组成比重确定，蓄积量占总蓄积量比重最大的树种（组）为小班的优势树种（组）。

未达到起测胸径的幼龄林、未成林造林地小班，按株数组成比例确定，株数占总株数最多的树种（组）为小班的优势树种（组）。

经济林、灌木林按株数或丛数比例确定，株数或丛数占总株数或丛数最多的树种（组）为小班的优势树种（组）。

（三）树种组成

乔木林、竹林按十分法确定树种组成。复层林应分别林层按十分法确定各林层的树种组成。组成不到5%的树种不记载。

四、龄级、龄组、竹度与生产期

（一）龄级与龄组

乔木林的龄级与龄组根据优势树种（组）的平均年龄确定。主要树种（组）的龄级期限和龄组的划分标准见表8－2。

表 8－2　　　　主要树种龄级与龄组划分表

单位：年

树种	地区	起源	龄组划分					龄级期限
			幼龄林	中龄林	近熟林	成熟林	过熟林	
红松、云杉、柏木、紫杉、铁杉	北部	天然	≤60	61～100	101～120	121～160	>161	20
	北部	人工	≤40	41～60	61～80	81～120	>121	20
	南部	天然	≤40	41～60	61～80	81～120	>121	20
	南部	人工	≤20	21～40	41～60	61～80	>81	20
落叶松、冷杉、樟子松、赤松、黑松	北部	天然	≤40	41～80	81～100	101～140	>141	20
	北部	人工	≤20	21～30	31～40	41～60	>61	10
	南部	天然	≤40	41～60	61～80	81～120	>121	20
	南部	人工	≤20	21～30	31～40	41～60	>61	10
油松、马尾松、云南松、思茅松、华山松、高山松	北部	天然	≤30	31－50	51～60	61～80	>81	10
	北部	人工	≤20	21－30	31～40	41－60	>61	10
	南部	天然	≤20	21～30	31～40	41～60	>61	10
	南部	人工	≤10	11～20	21～30	31～50	>51	10
杨树、柳树、按树、擦树、楝树、泡桐、木麻黄、枫杨、软阔类	北部	人工	≤10	11～15	16～20	21～30	>31	5
	南部	人工	≤5	6～10	11～15	16～25	>26	5
桦树、榆树、木荷、枫香、珙桐	北部	天然	≤30	31～50	51～60	61～80	>81	10
	北部	人工	≤20	21～30	31～40	41～60	>61	10
	南部	天然	≤20	21－40	41～50	51～70	>71	10
	南部	人工	≤10	11～20	21～30	31～50	>51	10

续表

树种	地区	起源	龄组划分					龄级期限
			幼龄林	中龄林	近熟林	成熟林	过熟林	
栎类、柞树、槠类、栲类、香樟、楠木、椴树、水曲柳、胡桃楸、黄菠萝、硬阔类	南北	天然	≤40	41～60	61～80	81～120	>121	20
	南北	人工	≤20	21～40	41～50	51～70	>71	10
杉木、柳杉、水杉	南部	人工	≤10	1～20	2～25	26～35	>36	5

注：飞播造林同人工林。

（二）竹度

竹林的龄级按竹度确定。一个大小年的周期一般为2年，称为一度。一度为幼龄竹，二、三度为壮龄竹，四度以上为老龄竹。

（三）生产期

经济林划分为产前期、初产期、盛产期和衰产期四个生产期。

五、立地因子

（一）地貌

——极高山：海拔5000米（含）以上的山地；

——高山：海拔为3500～4999米的山地；

——中山：海拔为1000～3499米的山地；

——低山：海拔低1000米的山地；

——丘陵：没有明显的脉络，坡度较缓和，且相对高差小于100米；

——平原：平坦开阔，且相对高差小于50米。

（二）坡度

——Ⅰ级为平坡0°~5°；

——Ⅱ级为缓坡6°~15°；

——Ⅲ级为斜坡16°~25°；

——Ⅳ级为陡坡26°~35°；

——Ⅴ级为急坡36°~45°；

——Ⅵ级为险坡46°以上。

（三）坡向

按东、南、西、北、东北、东南、西北、西南及无九个方位确定坡向。

（四）坡位

分脊、上、中、下、谷、平地六个坡位。

（五）腐殖质层厚度和土层厚度

1. *腐殖质层厚度*

腐殖质层厚度分三个等级：

——厚：>5厘米；

——中：2~4.9厘米；

——薄：<2厘米。

2. *土层厚度*

土层厚度根据土壤的A层+B层厚度确定，厚度等级见表8-3。

表8-3 土层厚度等级表

单位：厘米

厚度级	A层+B层厚度	
	亚热带山地丘陵、热带	亚热带高山、暖温带、温带、寒温带
厚层土	>80	>60
中层土	40~79	30~59
薄层土	<40	<30

六、其他

（一）权属

权属包括所有权和使用权（经营权），森林资源权属分别林地、林木记载，分为林地所有权、林地使用权和林木所有权、林木使用权。

林地所有权分国有和集体，林木所有权分国有、集体、个人和其他。林地与林木使用权分国有、集体、个人和其他。

（二）起源

天然林：由天然下种或萌生形成的森林、林木、灌木林。

人工林：由人工直播（条播或穴播）、植苗、分殖或扦插造林形成的森林、林木、灌木林。

飞播林：由飞机播种形成的森林、林木、灌木林。

（三）天然更新等级

天然更新等级根据幼苗各高度级的天然更新株数确定，满足一个条件即可，见表8-4。

表8-4 天然更新等级

单位：株/公顷

等级	高度		
	≤30 cm	31~50 cm	≥51 cm
良好	>5000	>3000	>2500
中等	3000~4999	1000~2999	500~2499
不良	<3000	<1000	<500

（四）林木质量

用材林近、成、过熟林林木质量划为三个等级：

（1）商品用材树：用材部分占全树高40%以上。

（2）半商品用材树：用材部分长度在2米（针叶树）或1米（阔叶树）以上，但不足全树高的40%。在实际计算时一半计入商品用材树，一半计入薪材树。

（3）薪材树：用材部分在2米（针叶树）或1米（阔叶树）以下。

（五）林分出材率等级

用材林近、成、过熟林林分出材率等级由林分出材量占林分蓄积量的百分比或林分中商品用材树的株数占林分总株数的百分比确定，满足一个条件即可，见表8－5。

表8－5　用材林近、成、过熟林林分出材率等级表

出材率等级	林分出材率			商品用材树比率		
	针叶林	针阔混	阔叶林	针叶林	针阔混	阔叶林
1	>70%	>60%	>50%	>90%	>80%	>70%
2	50%～69%	40%～59%	30%～49%	70%～89%	60%～79%	45%～69%
3	<50%	<40%	<30%	<70%	<60%	<45%

（六）可及度

用材林近、成、过熟林可及度分为即可及、将可及和不可及：

——即可及：具备采、集、运条件的林分。

——将可及：近期将具备采、集、运条件的林分。

——不可及：困地形或经济原因暂时不具备采、集、运条件的林分。

（七）径阶与径级组

林木调查起测胸径为5.0厘米，视林分平均胸径以2厘米或4厘米为径阶距并采用上限排外法。径级组的划分标准为：

——小径组：6～12厘米；

——中径组：14～24厘米；

——大径组：26～36厘米；

——特大径组：38厘米以上。

（八）林层

林层划分应同时满足以下四个条件：

（1）各林层每公顷蓄积量大于30立方米；

（2）相邻林层间林木平均高相差20%以上；

（3）各林层平均胸径在8厘米以上；

（4）主林层郁闭度大于0.30，其他林层郁闭度大于0.20。

（九）大径木蓄积比等级

复层林或异龄林小班中达到大径木标准的林木蓄积占小班总蓄积的比率，分为以下三级：

——Ⅰ级：大径级、特大径级蓄积量占小班总蓄积量大于70%；

——Ⅱ级：大径级、特大径级蓄积量占小班总蓄积量为30%－69%；

——Ⅲ级：大径级、特大径级蓄积量占小班总蓄积量小于30%。

（十）郁闭度、覆盖度等级

1. 有林地郁闭度等级

——高：郁闭度0.70以上；

——中：郁闭度0.40～0.69；

——低：郁闭度0.20～0.39。

2. 灌木林覆盖度等级

——密：覆盖度70%以上；

——中：覆盖度50%～69%；

——疏：覆盖度30%～49%。

（十一）群落结构类型

——完整结构：具有乔木层、下木层、草本层和地被物层4个植被层的森林。

——复杂结构：具有乔木层和其他1～2个植被层的森林。

——简单结构：只有乔木一个植被层的森林。

（十二）自然度

天然林按照植被状况与原始顶极群落的差异，或次生群落位于演替中的阶段划为3级：

——Ⅰ级：原始或受人为影响很小而处于基本原始的植被；

——Ⅱ级：有明显人为干扰的天然植被或处于演替中期或后期的次生群落；

——Ⅲ级：人为干扰很大，演替逆行处于极为残次的次生植被阶段或天然植被几乎破坏殆尽，难以恢复的逆行演替后期。

（十三）散生木和四旁树

1. 散生木

生长在竹林地、灌木林地、未成林造林地、无立木林地和宜林地上达到起测胸径的林木，以及散生在幼林中的高大林木。

2. 四旁树

在宅旁、村旁、路旁、水旁等地栽植的面积不到0.067公顷的各种竹丛、林木。

（十四）森林覆盖率与林木绿化率

1. 森林覆盖率

森林覆盖率按式8－5计算。

$$p = \frac{F_a}{L_a} \times 100\% + \frac{S_{ta}}{L_a} \times 100\% \quad (8-5)$$

式中：

p——森林覆盖率；

F_a——有林地面积；

L_a——土地总面积；

S_{ta}——国家特别规定灌木林面积。

2. 林木绿化率

林木绿化率按式 8－6 计算。

$$P_g = \frac{F_a}{L_a} \times 100\% + \frac{S_a}{L_a} \times 100\% + \frac{B_4}{L_a} \times 100\% \quad (8-6)$$

式中：

P_g——林木绿化率；

S_a——灌木林面积；

B_4——四旁树占地面积［四旁树占地面积按 1650 株/公顷（每亩 111 株）计］。

第三节　林分蓄积量及材种出材量的测定

一、林分蓄积量的测定

林分中全部林木的材积称作林分蓄积量，记作 M。在森林经营工作中，林分蓄积量常用单位面积蓄积量（立方米/公顷）表示。

林分蓄积量和单株木材积一样，是由断面积、树高和形数三要素构成，因此，林分蓄积量的基本概念为 $M = f_{1.3}GH_D f_{1.3}$为胸高形数。它又与单株木的材积有区别，因为林分是由树木的群体组成，它具有生长、积累的过程。因此，林分蓄积量受林木直径、树高、形数及株数等因子的制约，并受树种、年龄、立地条件和经营措施的直接影响而发生变化。

单位面积蓄积量的大小，在某种程度上标志着林地生产能力的高低及营林措施的效果。因此，蓄积量的测定是林分调查主要目的之一，它为森林经营和采伐利用提供依据。

林分蓄积量的测定方法很多，可概括为实测法和目测法两大类。目测法是以实测法为基础的经验方法。实测法又可分为全林实测和局部实测。全林实测法因工作量大，常常受人力、物力等条件的限制，仅在林分面积小的伐区调查和科学实验等特殊需要的情况下采用，最常用的还是局部实测法。

（一）立木材积表法

在森林调查中，为了提高工作效率，一般常采用预先编制好的立木材积表确定林分蓄积量，这种方法称为材积表法。

材积表是立木材积表的简称，是按树干材积与其三要素之间的函数关系编制。根据胸径一个因子与材积的函数关系编的表称为一元材积表。根据胸径、树高两个因子与材积的函数关系编制的表称为二元材积表。

1. *一元材积表*

（1）概念。根据胸径一个因子与材积的函数关系编制的材积数表称为一元材积表。一元材积表只反映出立木树于材积随立木胸径大小的变化关系，但是，立木树干材积除受胸径大小的影响外，还受树高、树干的形状（即树干尖削程度）影响。在不同条件下，胸径相同的林木，树高差别较大，所以一元材积表适用地域范围不宜过大，故一元材积表又称作地方材积表。

（2）利用一元材积表测定林分蓄积量步骤。在森林调查中，经常使用一元材积表测定林分蓄积量。它是一种简便易行、且能满足林业生产上要求的林分蓄积量测定方法。

利用一元材积表测定林分蓄积虽的方法及过程很简单，即设置标准地，每木调查（亦称每木检尺）统计各径阶株数；分别树种，选用一元材积表，分别径阶（按径阶中值）由材积表上查出各径阶单株平均材积值；各径阶单株平均材积值乘以径阶林木株数即可得到径阶材积；各径阶积材之和就是该树种标准地林分蓄积量，各树种的林分蓄积量之和就是标准地林分总蓄积量。依据这个蓄积量及标准地面积计算每公顷林分蓄积量，再乘以林分面积即可求出整个林分的蓄积量。

2. 二元材积表

（1）概念。根据材积与胸径、树高两个因子的函数关系编制的材积数表称为二元材积表。

二元材积表中的干形取使用地区的平均值，根据研究，同一树种在不同地区的干形一般差别不大。故二元材积表又称为一般材积表或标准材积表。在材积表中，它是最基本的立木材积表。

（2）二元材积表的应用。

① 设置标准地每木调查（亦称每木检尺）统计各径阶株数；

② 测定部分树高，画树高曲线；

③ 分别树种，选用二元材积表，分别径阶（按径阶中值）从树高曲线上查出的该径阶的平均高值，由二元材积表上查出各径阶单株平均材积值；

④ 各径阶单株平均材积值乘以径阶林木株数即可得到径阶材积：

⑤ 各径阶材积之和就是该树种标准地林分蓄积量，各树种的林分蓄积量之和就是标准地林分总蓄积量。依据这个蓄积量及标准地面积计算每公顷林分蓄积量，再乘以林分面积即可求出整个林分的蓄积量。

在大面积的森林蓄积量调查中，一般不直接使用二元材积方程（或二元材积表）测定林分蓄积量，而常使用由二元材积方程（或二元材积表）导算的一元材积表。

（二）标准表法和实验形数法

1. 标准表法

应用标准表确定林分蓄积量时，只要测得林分的每公顷胸高总断面积（G）和林分平均高（H_D），就可从标准表上查出对应于平均高的每公顷标准断面积（$G_标$）和标准蓄积量（$M_标$），先求出林分疏密度（P）：

$$P = \frac{G}{G_{标}}$$

然后再求算林分每公顷蓄积量：$M = P \times M_{标}$

由于$\frac{M_{标}}{G_{标}} = HF$，因此可以把标准表算成林分形高表。这样，如果只需求出蓄积量，则从表中查出 HF 值后，可直接用 M = GHF 式算出林分蓄积量。

2. 平均实验形数法

先测出林分平均高与总断面积，再从实验形数表中查出相应树种的平均实验形数值。

二、林分材种出材量的测定

蓄积量相等的两个林分，由于林分结构及木材质量的不同，其可能提供的木材品种（即材种）和各材种的材积（即材种出材量）会有较大的差异，而使两个林分的经济利用价值也不相同。为了对森林资源的数量（蓄积量）和质量（材种出材量）做出确切全面的评价，正确合理经营森林，如营林抚育强度、次数、间隔期及抚育方式等技术措施，就必须在查明蓄积量的基础上，进一步对森林木材资源的经济价值做出评价。在测树学中，林分蓄积量、材种、出材量及生长量是重要的三大量，它们是构成森林测定理论、方法及技术的基础。即各种测定理论、方法及技术都是直接或间接为测定林分“三大量”提供根据的。另外，在制定木材生产计划及营林技术措施中，林分材种出材量也是一个重要依据。

（一）一元材种出材率表法

1. 一元材种出材率表

一元材种出材率表和一元材积表相类似，它是根据林木胸径一个因子确定材种出材率的数表，形式如表 8－6 所示。

表 8－6　　××省杉木一元材种出材率表（节录）

径阶（cm）	树皮率（%）	出材率（%）					
		国家规格材				短小材	总计
		大原木	中原木	小原木	小计		
6	22.4					40.8	40.8
8	21.7			12.0	12.0	37.2	49.2
10	21.2			41.5	41.5	20.0	61.5
12	20.7			60.0	60.0	5.7	65.7
14	20.4			69.5	69.5	1.6	71.1
16	20.1			73.8	73.8	0.5	74.3
18	19.8			76.3	76.3	0.5	76.8
20	19.6			77.3	77.3	0.4	77.7
22	19.3		4.4	73.7	78.1	0.4	78.5
24	19.2		18.6	60.1	78.7	0.3	79.0
26	19		35.4	43.7	79.1	0.3	79.4
28	18.8		44.5	34.8	79.3	0.3	79.6
30	18.7	11.8	39.5	28.2	79.5	0.3	79.8
32	18.5	20.3	36.1	23.2	79.6	0.3	79.9
34	18.4	29.9	30.5	19.3	79.7	0.3	80.0

注：表中各级原木的划分标准和适用材种见表 8－2。

2. 林分材种出材量测定

通过标准地每木检尺求得各径阶的林木株数，利用一元材积表查得各径阶单株材积，乘以径阶林木株数得到各径阶林木带皮总材积。然后，利用一元材种出材率表，分别径阶查定各名目材种出材率，乘以相应径阶带皮总材积，即为各名目材种材积。各径阶同名材种材积之和，为标准地该材种材积值。各材种材积值之和，即为标准地总出材量。根据标准地面积可换算成林分单位面积出材量。

表 8 －7　　各级原木划分标准

类别	级别	规格		适用材种
		原木小头去皮直径（cm）	原木长度（cm）	
国家规格材	大原木	26	2 以上	枕资、胶合板材
	中原木	20 ~ 26	2 以上	造船材、车辆材、一般用材、桩木、特殊电杆
	小原木	6 ~ 20	2 以上	二等坑木、小径民用材、造纸材、普通电杆、车立柱
短小材	短材	14	0.4 ~ 1.8	简易建筑、农用、包装、家具用材
	小材	4 ~ 14	1 ~ 4.8	

（二）二元材种出材率表法

1. 二元材种出材率表

直径相同而树高不同的林木，其材种出材量也不相同。为了反映这种差异，根据材种出材量随直径和树高的变化规律，所编制的材种出材率表称作二元材种出材率表，见表 8 －8。二元材种出材率表的使用精度要明显高于一元材种出材率表。

表 8－8　　　　××省杉木二元材种出材率表（节录）

胸径（cm）	树高（m）	出材率（%）									
		大原木	中原木	小原木	短材	小材	薪材	规格材	短小材	商品材	废材
6	3	0	0	0	0	31	9	0	31	40	60
6	4	0	0	0	0	41	6	0	41	47	53
6	5	0	0	0	0	46	5	0	46	51	49
6	6	0	0	0	0	49	6	0	49	55	45
6	7	0	0	0	0	54	4	0	54	58	42
6	8	0	0	0	0	56	4	0	56	60	40
6	9	0	0	0	0	58	4	0	58	62	38
6	10	0	0	0	0	59	3	0	59	63	37
8	4	0	0	0	0	50	3	0	50	53	47
8	5	0	0	2	0	50	5	2	50	57	43
8	6	0	0	16	0	42	3	16	42	61	39
8	7	0	0	26	0	35	3	26	35	63	37
8	8	0	0	30	0	32	3	30	32	65	35
8	9	0	0	34	0	31	2	34	31	67	33
8	10	0	0	36	0	30	2	36	30	68	32
8	11	0	0	38	0	30	2	38	30	70	30
8	12	0	0	40	0	29	2	40	29	71	29

2. 利用二元材种出材率表计算林分材种出材量

（1）标准地调查：在标准地每木检尺过程中，应按经济材树、半经济材树、薪材树分别记录。测定一部分林木的胸径和树高，绘制树高曲线。

（2）半经济用材树的合并：根据标准地每木检尺记录，将其中的半经济用材树按照一定比例合并到经济用材树及薪材树中去。若半经济用材树的株数不超过总株数的10%时，则可全部并入经济用材树中；若半经济用材树的株数占总株数的10% ~20%时，将半经济用材树的60%并入经济用材树中，40%并入薪材树中；若半经济用材树的株数超过总株数的20%时，则不能使用这种一般的材种表计算林分材种出材量。

（3）依据上述分类检尺（或合并后）的结果，查定每个径阶各材种出材率。具体查定、计算方法同一元材种出材率表法。最后计算出林分材种出材量。

（三）树高级材种出材率表法

树高级材种出材率表是分别树高级编制的一元材种出材率表，形式如表8－9所示。应用时先确定林分所属的树高级，取用相应的树高级材种出材率表，计算步骤与一元材种出材率表法相同。

表 8－9　　杉木立木树干材种出材率表

（Ⅰ树高级）

龄阶（年）	树高（m）		树干带皮材积（m^3）	商品材出材率（%）										薪炭材	废材出材率（%）
				合计	经济材出材率										
					合计	规格材				非规格材					
	平均	区间				小计	大径材	中径材	小径材	小计	小径材	短小材	杉柄		
6	7.5	7.0 以上	0.0140	70		68				68	2	17	49	2	30
8	9.0	8.0 以上	0.0276	70		68				68	36	15	17	2	30
10	10.5	9.5 以上	0.0475	71		69				69	46	14	9	2	29
12	12.5	11.5 以上	0.0774	72		70				70	60	4	6	2	28
14	14.5	13.0 以上	0.1171	73	72	16			16	56	46	4	6	1	27
16	16.0	15.0 以上	0.1629	75	74	34			34	40	31	4	5	1	25
18	17.5	16.5 以上	0.2185	76	75	50			50	25	20	4	1	1	24
20	19.0	18.0 以上	0.2847	76	75	57			57	18	13	4	1	1	24
22	20.0	19.0 以上	0.3540	76	75	60			60	15	11	3	1	1	24

第四节 立地质量评价

立地质量是森林调查的一个重要因子，也是林地资源资产评估中极为重要的因素，立地质量通常通过立地等级表查得。在森林调查中常用的立地等级表有地位级表、地位指数表、立地类型表、数量化地位指数表。

一、地位级表

地位级表是建立在林分平均高与林分平均年龄相关关系的基础上编制成的、反映林地生产力的数表。树高是反映立地生产力最为敏感的因子，林分的平均高是森林调查中计算林分蓄积量不可缺少的因素，每次调查都必须调查该因子。因此，应用平均高来判断林分的立地具有使用方便、无需增加外业工作量等优点。地位级通常分为5级，用罗马数字表示，其形式如表8－10。

表8－10　××省杉木地位级表

林龄（年）	地位级				
	Ⅰ	Ⅱ	Ⅲ	Ⅳ	Ⅴ
5	6～5	5～4	4～3	3～2	2～1
10	15～13	13～11	11～9	9～7	7～5
15	20～17.5	17.5～15	15～12	12～10	10～7
20	23～20.5	20.5～18	18～15	15～12	12～9
25	26～23	23～20	20～16.5	16.5～13	13～10
30	28～25	25～21.5	21.5～18	18～15	15～11
35	30～27	27～23	23～19	19～16	16～12
40	32～28	28～24	24～20.5	20.5～17	17～13
45	33～29	29～25	25～21.5	21.5～18	18～14
50	35～30.5	30.5～26	26～22	22～18	18～14

在应用该表时，利用调查所得到的林分林木的年龄和平均树高，从表中查出该树高落在哪一个等级的范围内，该林分即属这个地位级。

如调查某杉木林分，年龄为 20 年，其平均高为 16 米，查表 2－8 可得：20 年生树高 16 米，属于Ⅲ地位级，则该林分地位级为Ⅲ。

二、地位指数表

地位级表是利用平均高与年龄的关系编制的立地质量等级表，但林分平均高受林分密度的影响较大，特别是在下层抚育间伐时，间伐木全是下层的被压木和少量中间木，间伐后原来的平均木变成了下层木，原来亚优势木变成了平均木，其结果造成了立地等级的跳跃。因此美国的林学家认为用平均木的生长来反映立地质量不理想，而应该用林分优势水高来反映立地质量更为可靠。用林分的优势木平均高和年龄的关系编制的立地质量表称为地位指数表，形式如表 8－11。

地位指数表的优势高通常是按每 100 平方米范围内选测最高的一株树的树高，它的等级是以在基准年时林木的优势高来表示，基准年是取该树种的树高生长进入较为稳定时的年龄。在我国南方的杉木和马尾松中，基准年统一确定为 20 年。这样，马尾松地位指数为 20，则表示该块林地 20 年生时马尾松的优势高可以长到 20 米。

地位指数表可利用测定的优势高和年龄来确定某块林地的立地质量，也可用来预测树高生长。在森林档案的数据更新中常用该表来更新小班的树高值。

例如某马尾松林分年龄为 16 年生，优势高为 11 米，查表得地位指数为 14，欲求 26 年生时的优势高，直接可查 26 年生地位指数为 14 米的优势高是多少，查表得 16.5～18.8 米。如所求的是平均高，则可通过优势高与平均高的关系，将优势高换算为平均高。由于这些关系均有数学模型，所以利用计算机可迅速准确地将档案数据更新。

表 8－11　　马尾松地位指数表

（基准年为 20 年）

树高(m) 指数值级 / 龄阶(年)	8	10	12	14	16	18	20
8	3.8～4.4	4.5～5.1	5.2～5.8	5.9～6.5	6.6～7.2	7.3～7.9	8.0～8.6
10	3.9～4.8	4.9～5.8	5.9～6.8	6.9～7.8	7.9～8.8	8.9～9.8	9.9～10.8
12	4.3～5.5	5.6～6.8	6.9～8.1	8.2～9.4	9.5～10.6	10.7～11.9	12.0～13.2
14	4.9～6.3	6.4～7.8	7.9～8.3	9.4～10.8	10.9～12.2	12.3～13.7	13.8～15.2
16	5.5～7.1	7.2～8.8	8.9～10.5	10.6～12.2	12.3～13.9	14.0～15.6	15.7～17.3
18	6.3～8.1	8.2～10.0	10.1～11.8	11.9～13.7	13.8～15.5	15.6～17.3	17.4～19.2
20	7.0～8.9	9.0～10.8	11.0～12.9	13.0～14.9	15.0～16.9	17.0～18.9	19.0～20.9
22	7.8～9.8	9.9～12.0	12.1～14.1	14.2～16.2	16.3～18.4	18.5～20.6	20.7～22.7
24	8.4～10.6	10.7～12.9	13.0～15.2	15.3～17.5	17.6～19.7	19.8～22.0	22.1～24.3
26	9.3～11.6	11.7～14.0	14.1～16.4	16.5～18.8	18.9～21.2	21.3～23.5	23.6～25.9
28	10.0～12.4	12.5～14.9	15.0～17.4	17.5～19.8	19.9～22.3	22.4～24.8	24.9～27.3
30	10.7～13.2	13.3～15.8	15.9～18.4	18.5～21.0	21.1～23.0	23.7～26.2	26.3～28.8

三、立地条件类型表

上述的两类立地质量等级表的查定都必须利用林木的树高，而幼林阶段树高生长很不稳定，因此，所评价的林地必须是有林地，而且还需要一定的年龄。这样无林地的立地质量评价、未成林造林地的立地评价就无法使用这两类表。另外，异龄林由于林分内年龄的差距大，生长过程也与同龄林不同，它们也无法使用这两类表。为了评价无林地、未成林造林地和异龄林的立地质量，生产中经常采用环境因子来评定立地质量，这种立地质量等级表称为立地条件类型表。

这种立地条件类型表通常将立地等级分为四类：Ⅰ肥沃类型；Ⅱ较肥沃类型；Ⅲ一般类型（中等肥沃类型）；Ⅳ贫瘠类型。其选用的环境因子通常为地形地势、土壤、植被三大类因子。

四、数量化地位指数表

立地条件类型表虽然应用方便，但在评定立地质量的过程中人为主观判断的因素较大，评定的结果与林木生长的关系不太紧密。为了克服这些缺点，20 世纪 70 年代以来一些林学家利用数量化理论，将各类定性的环境因子与林木的优势高生长联系起来，建立了林木优势高与年龄、环境因子的数量化模型，编制了数量化地位指数表，在应用时，只要查出各因子的得分值，累加即可得到该小班的数量化地位指数。

数量化地位指数表虽然克服了地位指数表需被评定的林地上的树高生长稳定的林木和立地类型表现主观偏差的缺点，使用较为方便，但是数量化表受气候和大地形的影响很大，使每个数量化表使用区域范围受到很大的限制，而且编制数量化地位质数表的工作量又较大，一般生产单位编制较为困难。由于以上原因，使数量化地位指数表的广泛应用收到了较大的限制。

第五节 角规测树

角规是以一定视角构成的林分测定工具。应用时，按照既定视角在林分中有选择地计测为数不多的林木就可以高效率地测定出有关林分调查因子。

奥地利林学家毕特利希（Bitterlich）1947 年首先创立了用角规测定林分单位面积胸高断面积的理论和方法，突破了长期以来在一定面积（标准地或样地）上进行每木检尺的传统方法，大大提高了工效。在测树学理论和方法上的这一重要突破引起了全世界测树学家们的广泛重视和极大兴趣。60 多年来，经过世界各国的广泛应用和进一步研究，角规测树的原理、方法和仪器工具不断地有所发展和完善，已形成了角规测树的一套独立系统，并得到广泛应用。

我国 1957 年引入这一方法，并逐步推广和普遍采用，已设计制造了一些具有良好使用性能的角规测器。

“角规测树”是我国对这类方法的通用名称。最初曾把角规叫做疏密度测定器。国际上较为常用的名称有、角计数调查法、角计数样地法、无样地抽样、可变样地法、点抽样、线抽样等。

角规测树理论严谨，方法简便易行，只要严格按照技术要求操作，便能取得满意的调查结果。因此，角规测树是一种高效、准确的测定技术。

一、常用角规测器

（一）不带自动改正坡度功能的角规测器

以简易杆式角规为例，这是结构最简单的初始角规测器，在长度为

L 的直杆（可用细绳代替）的一端安装一个缺口宽度为 l 的金属片或硬纸（木、塑料）片。即可构成一个简易杆式角规测器，见图 8－5。$\frac{l}{L}$的比值按所采用的断面积系数（F_g）而定，$\frac{l}{L}$称作角规比例。根据公式$F=2500\frac{l}{L}^2$，计算断面积系数。在坡地上使用不带自动改正坡度功能的角规测器时，如同在平地上一样，先不考虑角规点至每株观测树木之间的坡度，完全按照在平地上的观测方法进行测定。根据每株观测树干胸径与角规视角的相割（计 1 株）、相切（计半株）及相余（不计数）的关系，确定计数永的总株数 $Z_θ$，然后根据样点上下坡方向的平均坡度 θ 按下式求算改正后的计数木的总株数 Z。

将求得的 Z 乘以角规断面积系数（F_g），即可得出林地上每公顷断面积 G（平方米/公顷），即 $G=F_g \cdot Z_θ$。

$$Z = Z_\theta \cdot \sec\theta \qquad (8-7)$$

（二）**带有自动改正坡度功能的角规测器**

以 LZG－1 型自平杆式角规为例，其具体形状如图 8－6 所示，在简易杆式角规的基础上作了两点重大改进：

（1）角规杆长改为可变，具有两种比例的不锈钢拉杆，不用时拉杆可套缩起来，便于携带。使用时，按照选定的断面积系数的要求，将拉杆拉到规定的长度，即可观测使用。

（2）具有自动改正坡度的功能，即将角规一端的金属片缺口改为可在上下垂直方向自由转动的半圆形金属曲线缺口圈，圈的下端附有一个较重的平衡座，以保证金属缺口圈始终保持与地面成垂直状态。在角规拉杆成水平状态时，金属圈内与角规杆先端截口相切处的缺口宽度为 1 厘米，对应的拉杆长度为 50 厘米，即断面积系数 $F_g=1$。当坡度为 θ 时，拉杆与坡面平行，其倾斜角亦为 θ，金属圈也相应转动 θ，金属圈

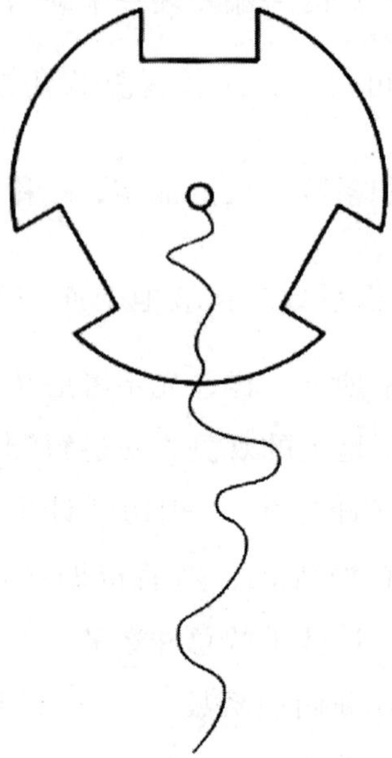

图8-5　简易杆式角规

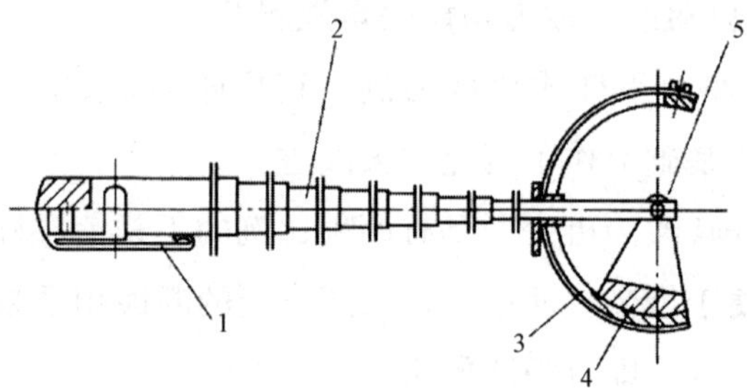

图8-6　自平杆式角规

1. 挂钩　2. 指标拉杆　3. 曲线缺口圈　4. 平衡座　5. 小轴

内的缺口宽度L相应变窄成为Lcosθ值。用此角规测器观测时，可依每株树干胸高与观测者立于样点处的眼高之间形成倾斜角θ逐株自动进行坡度改正，所计数的树木株数就是改正成水平状态后的计数值，再乘以断面积系数即得到林分每公顷胸高总断面积。本仪器观测的方便程度基本上同于简易杆式角规测器，却能自动改正坡度，颇为实用。

二、用角规测定林分单位面积胸高断面积与蓄积量

（一）断面积系数的选定

断面积系数愈小，由于计数错误所引起的胸高断面积总和的误差愈小，但是断面积系数愈小，角规视角就愈小，计数木株数就愈多，观测最大距离较大，疑难的边界树和被遮挡树也会增多，影响工效并容易出错。如选用大的断面积系数，其优缺点恰好相反。因此，要根据林分平均直径大小、疏密度、通视条件及林木分布状况等因素选用适当大小的断面积系数。

列波什斯曾建议按表 8－12 所示的林分特征选用断面积系数（F_g）。

表 8－12 林分特征与选用断面积系数参照表

林分特征	F_g
平均胸径 8～16 cm 的中龄林，任意平均直径但疏密度为 0.3～0.5 的林分	0.5
平均胸径 17～28 cm，疏密度为 0.6～1.0 的中、近熟林	1.0
平均胸径 28 cm 以上，疏密度为 0.8 以上的近、过熟林	2 或 4

（二）角规点数的确定

在森林资源规划设计调查中一般采用典型取样，观测点数要求小班面积小于 3 公顷（50 亩）的 1～2 个点，小班面积 4～7 公顷的 2～3 个点，小班面积 8～12 公顷的 3～4 个点，小班面积 13 公顷以上的 5～6 点，成过熟林的角规点数要增加 50%。每个角规点的位置要选定对林分有代表性的位置，避免在过疏或过密处设置角规点，并判断每个角规点所代表的面积权重。

（三）角规绕测技术

采用角规测器在角规点绕测 360°是最常用的方法，该方法最简单，

但必须严格要求，认真操作，才能保证准确度。绕测时必须注意以下几点：

（1）测器接触眼睛的一端，必须使之位于角规点的垂直线上。在人体旋转360°时，要注意不要发生位移。

（2）角规点的位置不能随意移动。如待测树干胸高部位被树枝或灌木遮挡时，可先观测树干胸高以上未被遮挡的部分，如相切即可计数1株，否则需将树枝或灌木砍除，如被大树遮挡不便砍除而不得不移动位置时，要使移动后的位点到被测树干中心的距离与移动前相等，测完被遮挡树干后仍返回原点位继续观测其他树木。

（3）要记住第一株绕测树，最好做出标记，以免漏测或重测。必要时可采取正反绕测两次，两次结果的差值不得大于1，取两次观测平均数。

（4）仔细判断临界树。与角规视角明显相割或相余的树是容易确定的，而接近相切的临界树往往难以判断，需要通过实测确定。

$$R = \frac{50}{\sqrt{F_g}}d \qquad (8-8)$$

公式中：R——角规样圆半径；

d——被测木的胸径；

设人到被测树干中心的距离为S，当

S<R　计为1株

S=R　计为0.5

S>R　不计数

（四）边界样点的处理

在典型取样调查时，角规点不要选在靠近林缘处，如靠近林缘，则绕测一周时，样圆的一部分会落到所调查的林分之外。角规点到林缘的最小距离要大于由（8-8）式计算得到的R，此时式中的d应是林分中最粗树木的直径。设某林分中最粗树木的直径是 40 厘米，若取 $F_g=1$. 则角规点到林缘的距离应大于 20 米。若取 $F_g=4$，则距离应大于 10 米。格罗森堡（1958）提出了一种较好的处理办法，首先按上述方法，根据样点所在林分中最粗大木胸径和选用的断面积系数算出距边界的最小距离，以此距离作为宽度划出林缘带。当角规点落在林缘带内时，可只面向林内绕测半圆（即作半圆观测），把计数株数乘以 2 作为该角规点的全圆绕测值。

（五）测定林分单位面积胸高断面积和蓄积量

角规绕测得到林分的每公顷胸高断面积总和值 $G=F_g\times Z_\theta\times\sec\theta$，根据林分的平均胸径（D）和平均树高（H）查“角规测树速见表”得每 667 平方米蓄积量系数 ν，G×v 即为林分每 667 平方米蓄积量。“角规测树速见表”形式见表 8－13。

$$\nu=\frac{667}{\frac{\pi}{4}D^{t}}\times V \tag{8-9}$$

式中：V——按当地二元材积式计算，即

$$V=0.000087D^{1.785388607}H^{0.931392369}$$

D——林分平均胸径（单位：cm）。

如果没有角规测树速见表，也可利用二元材积表计算林分每公顷蓄积量：

$$M-V\times\frac{G}{\frac{\pi}{40000}D^{2}} \tag{8-10}$$

式中：G——林分每公顷胸高面积总和；V、D 同上式。

将各个角规点计算的结果乘以各自的面积权重，累加即为林分单位面积的胸高断面积总和或单位面积蓄积量。

表 8-13　　杉木角规测树速见表（节录）

系数 D/cm \ H/m	3	4	5	6	7	8	9	10	11	12	13	14	15	16
5	0.146	0.191	0.235	0.278	0.321	0.363	0.406	0.447	0.489	0.53	0.571	0.612	0.653	0.693
6	0.14	0.183	0.226	0.267	0.309	0.35	0.39	0.43	0.47	0.51	0.549	0.589	0.628	0.667
7	0.136	0.177	0.218	0.259	0.299	0.338	0.377	0.416	0.455	0.493	0.531	0.569	0.607	0.645
8	0.132	0.172	0.212	0.251	0.29	0.329	0.367	0.404	0.442	0.479	0.516	0.553	0.59	0.627
9	0.129	0.168	0.207	0.245	0.283	0.32	0.358	0.394	0.431	0.467	0.504	0.54	0.575	0.611
10	0.126	0.164	0.202	0.24	0.277	0.313	0.35	0.386	0.421	0.457	0.492	0.527	0.563	0.597
11	0.123	0.161	0.198	0.235	0.271	0.307	0.342	0.378	0.413	0.448	0.482	0.517	0.551	0.585
12	0.121	0.158	0.194	0.23	0.266	0.301	0.336	0.371	0.405	0.439	0.473	0.507	0.541	0.574
13	0.119	0.155	0.191	0.226	0.261	0.296	0.33	0.364	0.398	0.432	0.465	0.499	0.532	0.565
14	0.117	0.153	0.188	0.223	0.257	0.291	0.325	0.359	0.392	0.425	0.458	0.491	0.523	0.556
15	0.115	0.151	0.185	0.22	0.254	0.287	0.32	0.353	0.386	0.419	0.451	0.484	0.516	0.548
16	0.114	0.148	0.183	0.217	0.25	0.283	0.316	0.349	0.381	0.413	0.445	0.477	0.509	0.54
17	0.112	0.147	0.18	0.214	0.247	0.28	0.312	0.344	0.376	0.408	0.439	0.471	0.502	0.533
18	0.111	0.145	0.178	0.211	0.244	0.276	0.308	0.34	0.371	0.403	0.434	0.465	0.496	0.527
19	0.109	0.143	0.176	0.209	0.241	0.273	0.305	0.336	0.367	0.398	0.429	0.46	0.49	0.52

续表

系数 D/cm \ H/m	3	4	5	6	7	8	9	10	11	12	13	14	15	16
20	0.108	0.142	0.174	0.206	0.238	0.27	0.301	0.332	0.363	0.394	0.424	0.455	0.485	0.515
21	0.107	0.14	0.172	0.204	0.236	0.267	0.298	0.329	0.359	0.39	0.42	0.45	0.48	0.509
22	0.106	0.139	0.171	0.202	0.264	0.234	0.295	0.326	0.356	0.386	0.416	0.445	0.475	0.504
23	0.105	0.137	0.169	0.2	0.231	0.262	0.292	0.322	0.352	0.382	0.412	0.441	0.47	0.5
24	0.104	0.136	0.168	0.199	0.229	0.26	0.29	0.32	0.349	0.379	0.408	0.437	0.466	0.495
25	0.103	0.135	0.166	0.197	0.227	0.257	0.287	0.317	0.346	0.375	0.404	0.433	0.462	0.491
26	0.102	0.134	0.165	0.195	0.225	0.255	0.285	0.314	0.343	0.372	0.401	0.43	0.458	0.487
27	0.102	0.133	0.163	0.194	0.223	0.253	0.282	0.312	0.34	0.369	0.398	0.426	0.455	0.483
28	0.101	0.132	0.162	0.192	0.222	0.251	0.28	0.309	0.338	0.366	0.395	0.423	0.451	0.479
29	0.1	0.131	0.161	0.191	0.22	0.249	0.278	0.307	0.335	0.364	0.392	0.42	0.448	0.475
30	0.099	0.13	0.16	0.189	0.218	0.247	0.276	0.305	0.333	0.361	0.389	0.417	0.444	0.472
31	0.099	0.129	0.159	0.188	0.217	0.246	0.274	0.302	0.331	0.358	0.386	0.414	0.441	0.469

第六节　森林成熟与经营周期

森林成熟是森林经营利用中的一个重要的技术经济指标。是确定林分采伐利用时间——轮伐期和择伐周期的主要基础（轮伐期用于同龄林，而择伐周期用于异龄林）。在森林经营中，经营周期是指一次收获到另一次收获之间的间隔期。它在森林经营中起着重要作用，关系到生产计划、经营措施等一系列生产活动的安排。

本节所涉及的经营周期主要是轮伐期和择伐周期（回归年）。它们主要用于用材林、薪炭林、经济林等林种中。轮伐期用于同龄林，择伐周期用于异龄林。

一、森林成熟

在森林经营中，森林成熟的概念与经营者的目的紧密相关，与农作物的成熟相似。森林成熟标志着所经营的森林生长发育到某一阶段，此刻收获最为有利，即最符合经营者的目的。因此，将森林生长发育过程中达到最符合森林经营目的和任务的状态称为森林成熟，森林达到成熟时的年龄称为森林成熟龄。

森林的生长周期长，在不同的生长发育阶段都能产生使用价值和货币价值，差别仅是数量的多少、质量的优劣和价值的大小。

森林是一个复杂的生态系统，它是林分、林木和环境的集合。但我们研究的森林不是这种泛指的森林，而是特指个别树木或在经营上属于相同的林分所构成的经营单位而言的森林。

（一）数量成熟

1. 数量成熟的概念

一般情况下，森林的经营者希望在规定的时间内单位面积上能收获最多的木材，因此将数量成熟定义为林分或树木的材积平均生长量达最大值的状态，这时的年龄称为数量成熟龄。平均生长量的计算公式为：

$$Z_T = \frac{V_t}{t} \tag{8-11}$$

式中：V_t——林分或树木第 t 年的材积或蓄积量；

t——年龄；

Z_T——第 t 年的平均生长量。

2. 数量成熟的确定

通常情况下林木的材积生长有着共同的规律，即材积生长量从小逐渐增大，到某一时刻达到最大值，然后下降。根据平均生长量和连年生长量的概念，如果 f（t）为林木材积的生长方程，t 为年龄，则平均生长量为 f（t）/t，连年生长量为材积生长方程 f（t）的微分 $f'(t)$，如果平均生长量有最大值，则平均生长量的一阶导数为 0，即

$$\left(\frac{f(t)}{t}\right)' = 0$$

$$\frac{t \times f'(t) - f(t)}{t^2} = 0$$

$$f'(t) = \frac{f(t)}{t} \tag{8-12}$$

由此得出平均生长量达到最大值时，平均生长量与连年生长量相等。据此，可以判断林木何时达到数量成熟。根据林木材积的生长过程，计算林木的平均生长量和连年生长量，当连年生长量与平均生长量相等时，即达到数量成熟。

3. 数量成熟应用

数量成熟在林业生产中有着重要作用，以它作为采伐的依据，能够充分利用土地的生产力，单位时间可获得最多的木材，无论在它之前或在它之后采伐，都会使单位时间上收获的木材量减少。在现实生产实践

中若由于某种条件的约束，不能恰好在数量成熟时采伐，宁可延后一些时间采伐也不应提前。因为平均生长量曲线在达到最高值后，一般能持续一段时间（1～2 个龄级），并 n 极大值后曲线下降的斜率也较极大值前曲线上升的斜率要小，另外，超过数量成熟一段时间采伐，木材质量的提高，足以弥补单位时间数量上的损失。

（二）工艺成熟

1. 成熟的概念

现实市场上对木材的需求是多种多样的，如造纸材、建筑材、薪炭材等，都有一定的规格和质量要求，即一定的长度、粗度和质量。因此，在林分生长发育过程中，（通过皆伐）当目的材种的平均生长量达到最大时称为工艺成熟，此时的年龄称为工艺成熟龄。

根据工艺成熟的概念可以看出工艺成熟与数量成熟有相似之处，但也有区别，可以把工艺成熟看做数量成熟的一种，它的数量指标是在一定质量前提下的数量，是强调了生产一定规格木材前提下的数量成熟。任何林分或林木都会在一定的年龄达到数量成熟。但工艺成熟则不一定，在差的立地条件下要培育大径材则可能永远达不到工艺成熟。

2. 成熟的确定

工艺成熟的确定与数量成熟相似，可以用其材种的平均生长量和连年生长量相等时的年龄为工艺成熟龄。但由于工艺成熟要求的材积有一定的质量，因此，在确定工艺成熟时必须要借助材种出材量表进行各不同年龄的材种出材量计算（即按各年龄的平均树高、平均胸径，查出材种的出材率，将材种的出材率乘以单位面积蓄积量，得到当年的材种出材量），进而计算材种的平均生长量和连年生长量，以材种平均生长量最大的年龄为工艺成熟龄。

3. 工艺成熟的应用

工艺成熟是用材林经营中确定轮伐期的主要依据。在用材林经营中不同的经营类型有着不同的培育目标，即不同材种要求，因此，也就有着不同的工艺成熟，不同的工艺成熟决定了各经营类型用材林的主伐年龄。

（三）经济成熟

1. 经济成熟的概念

以上的森林成熟是从木材生产的数量和质量出发，然而在森林的经营中生产的不仅有木材还有其他副产品，即使是木材生产也将出产不同材种规格的木材，因此，作为衡量森林经营效果的指标应当是货币，而不是木材的数量和质量。这样就产生了经济成熟的概念，即在森林的生长发育过程中，货币收入达最多的状态称为森林的经济成熟，这时的年龄称为经济成熟龄。

2. 经济成熟的计算方法

经济成熟的计算公式较多，下面主要介绍几种常用的复利计算的方法：

（1）土地期望价法。土地期望价是指经营某块林地时能取得的永久的土地纯收益（无穷多个轮伐期）并用林业投资收益率贴现为前价的合计，以此作为评定的地价（期望价）。以期望价最高的轮伐期年数作为经济成熟龄。该方法以永续皆伐作业为前提，假设每个轮伐期内林地上的收益和支出都相同，从无林地造林开始计算，利息按复利计算。按递缩等比数列求和公式得到其计算公式为：

$$B_u = \frac{A_u + D_a(1+i)^{u-a} + D_b(1+i)^{u-b} + \cdots - c(1+i)^u}{(1+i)^u - 1} - \frac{V}{i} \qquad (8-13)$$

式中：A_u——以 u 年为轮伐期的主伐收入；

D_a，D_b——第 a、b 年的间伐收入；

V——年管理费用；

c——造林费用；

i——投资收益率。

根据该公式计算不同轮伐期时的土地期望价，以土地期望价最大的轮伐期年龄作为其经济成熟龄。

（2）指率法。指率是指连年收益率，即一年内的价值生长量与资本相比的百分数。由于林业上的调查资料和数表一般以龄级的上限为计量单位（一个龄级一般5～10年），因此，标准的指率计算公式为：

$$A_{m+n} - A_m = (A_m + B + V)[(1 + w)^n - 1]$$

$$(1 + w)^n = \frac{A_{m+n} + B + V}{A_m + B + V}$$

$$w = \sqrt[n]{\frac{A_{m+n} + B + V}{A_m + B + V}} - 1 \quad (8-14)$$

当 $n=1$ 时，

$$w = \frac{A_{m+1} - A_m}{A_m + B + V} \quad (8-15)$$

式中：w——指率；

A_m，A_{m+n}——第 m 年，第 $m+n$ 年的立木价值；

B——地租；

V——管理费用。

指率的变化与连年生长量相似，开始很小，然后迅速增大，到最大值后下降，在一定年限后与林业投资收益率相等。与林业投资收益率相等的年龄即为经济成熟龄，此时可获得的经济纯收益的现值最大。

（3）净现值（NPV）法。净现值是广泛采用的衡量投资效果的方法。它的主要特征是考虑了货币的时间价值，将不同时期的货币按贴现率换算为前价，再计算盈亏，其计算公式如下

$$NPV = \sum_{i=0}^{n} \frac{(R_t - C_t)}{(1 + i)^t} \quad (8-16)$$

式中：R_t——第 t 年货币收入；

C_t——第 t 年的货币支出；

n——计算净现值的年数；

i——投资收益率。

净现值最大值所对应的年份即为经济成熟龄。

在森林经营中经济成熟的主要作用是确定合理的经营周期，而不是一个周期内最佳收益。因此，有的要假设各经营周期内收支相同，用无穷递缩公式，计算无限个经营周期的净现值，则公式为：

$$NPV = \frac{\sum_{i=0}^{n} \frac{(R_t - C_t)}{(1+i)^t} \times (1+i)^n}{(1+i)^n - 1} \qquad (8-17)$$

（4）内部收益率法。内部收益率是净现值为 0 时的投资收益率，即成本现值和收入现值相等时的投资收益率。其计算式为：

$$\sum_{i=0}^{n} \frac{R_t}{(1+i)^t} = \sum_{i=0}^{n} \frac{C_t}{(1+i)^t} \qquad (8-18)$$

内部收益率的手工计算很困难，但用计算机则十分方便，它仅是一个简单迭代的过程。找出内部收益率最大值发生的年份，就是经济成熟龄。

3. 经济成熟的应用

在商品林的经营中，经营者最关心的是何时可获得最多的货币收入。因此，经济成熟在生产中广泛用于确定商品林的轮伐期和择伐周期。

二、轮伐期

（一）轮伐期的概念

轮伐期是一种生长经营周期，它表示林木造林后经过正常生长发育到达可以采伐利用为止所需要的时间。在林业生产中经常把若干经营目的相同、采取的经营措施相同的小班组成一个集合——经营类型（也称作业级），以便统筹安排各项经营活动。轮伐期就是为了实现永续利用，伐尽整个经营单位全部成熟林分之后，可以再次采伐成熟林分所需的期间。计算公式为：

$$u = a \pm v \tag{8-19}$$

式中：a——成熟龄或主伐年龄

v——更新期。

在式（8－19）中，如果更新期 v 为零时，轮伐期就等于成熟龄。在经营水平较高时，人工同龄林的 v 一般都为零。更新期 v 只在天然同龄林经营中有明显的作用。因为天然更新通常需要几年的时间才能完成。在法正林模型中，整个经营类里有 u 个林分，轮伐期也为 u 年，每年采伐 1 个 u 年生的最老林分，u 年刚好采完作业级所有林分一遍。每个林分都是到 u 年时才采伐，也就是达到成熟龄时采伐。实质上，轮伐期就是林木从更新开始到成熟为止所需要的时间，这个定义更符合现实且通俗易懂。与轮伐期、成熟龄概念相类似的还有主伐年龄，它是根据林木的生长过程而定的，其中主要根据是数量成熟龄。

（二）轮伐期的作用

1. 龄组划分的依据

林木的生长发育周期较长，用年龄表示生长发育阶段不方便，因此产生了龄级。龄级是整化的年龄，根据轮伐期的长短、龄级在我国有 4 种：慢生树种多为 20 年，如红松；中生树种 10 年，如马尾松；速生树种 5 年，如杉木；速生短伐期树种 2 年，如杨树；特别速生短伐期树种如桉树则不用龄级。

龄级的划分取决于生长速度的快慢，但龄级不能直观划分林分的发育和可利用阶段，因此产生龄组。龄组是龄级的整化，一个龄组可含 1～3 个龄级。龄组一般分为幼龄、中龄、近熟龄、成熟龄、过成熟龄 5 个龄组，各龄组所含的龄级是以轮伐期为依据。通常称达到轮伐期的那个龄级和上一个龄级为成熟龄，更高的龄级为过熟龄，低于成熟龄一个龄级为近熟龄。近熟龄以下的龄级如为偶数，则幼龄和中龄各占一半；如为奇数，则幼龄比中龄多一个龄级。

2. 影响木材的收获量

轮伐期长，所培育的林木径级大，质量高，相对产量小；而轮伐期短一般木材产量高，但质量差。但轮伐期的长短是有条件和限制因素的，不能随意增长或缩短。

3. 森林调整的主要手段

现有森林的龄级结构大多数不合理，为实现永续利用就必须根据既定的轮伐期来调整每年的采伐面积，使之在一定年限后逐渐趋于合理。

（三）确定轮伐期的依据

轮伐期由成熟龄和更新期组成，见式（8－19）。

森林成熟龄有多种，在确定 u 时用哪种成熟呢？这要视林种而定。

（1）用材林、薪炭林应以经济成熟为主。

（2）防护林以防护成熟和自然成熟为主，其次考虑木材利用问题。如果完全不考虑木材利用也会使经营者的利益受损。

（3）经济林因种类繁多，目的产品各异，用统一的物质量衡量较为困难，只能用经济林成熟作为依据。

2. 更新期

更新期对轮伐期的影响主要体现在不同的更新方式上。以更新与主伐的先后关系分类，其方式主要有 3 种：更新期为零、伐后更新和伐前更新。

3. 林况

林况主要是指龄级结构情况和林地内的卫生情况。成过熟林多、林况又好，轮伐期可长些，成过熟林少或林况不佳，轮伐期可定短一些。

4. 现行政策规定的主伐年龄

我国现行采伐更新规程中对用材林主要树种的主伐年龄作了规定，

见表 8－14。在评估中一般应根据具体小班原设计的经营类型确定其主伐年龄。

表 8－14　　用材林主要树种主伐年龄表

<table>
<tr><th>树种</th><th>地区</th><th>起源</th><th>主伐年龄（年）</th><th>龄级期限（年）</th><th>龄级</th></tr>
<tr><td rowspan="4">红松、云杉、铁杉</td><td rowspan="2">北部</td><td>天然</td><td>121 以上</td><td>20</td><td>Ⅶ</td></tr>
<tr><td>人工</td><td>81 以上</td><td>20</td><td>Ⅴ</td></tr>
<tr><td rowspan="2">南部</td><td>天然</td><td>81 以上</td><td>20</td><td>Ⅴ</td></tr>
<tr><td>人工</td><td>81 以上</td><td>20</td><td>Ⅳ</td></tr>
<tr><td rowspan="4">落叶松、冷杉、樟子松、黑松</td><td rowspan="2">北部</td><td>天然</td><td>101 以上</td><td>20</td><td>Ⅵ</td></tr>
<tr><td>人工</td><td>41 以上</td><td>10</td><td>Ⅴ</td></tr>
<tr><td rowspan="2">南部</td><td>天然</td><td>81 以上</td><td>20</td><td>Ⅴ</td></tr>
<tr><td>人工</td><td>41 以上</td><td>10</td><td>Ⅴ</td></tr>
<tr><td rowspan="4">油松、马尾松、云南松、思茅松、华中松、高山松</td><td rowspan="2">北部</td><td>天然</td><td>61 以上</td><td>10</td><td>Ⅶ</td></tr>
<tr><td>人工</td><td>41 以上</td><td>10</td><td>Ⅴ</td></tr>
<tr><td rowspan="2">南部</td><td>天然</td><td>41 以上</td><td>10</td><td>Ⅴ</td></tr>
<tr><td>人工</td><td>31 以上</td><td>10</td><td>Ⅳ</td></tr>
<tr><td rowspan="2">杨、桉、楝、泡桐、木麻黄、枫杨</td><td>北部</td><td>天然</td><td>21 以上</td><td>5</td><td>Ⅴ</td></tr>
<tr><td>南部</td><td>天然</td><td>16 以上</td><td>5</td><td>Ⅳ</td></tr>
<tr><td rowspan="4">桦、榆、木荷、枫香</td><td rowspan="2">北部</td><td>天然</td><td>61 以上</td><td>10</td><td>Ⅶ</td></tr>
<tr><td>人工</td><td>41 以上</td><td>10</td><td>Ⅴ</td></tr>
<tr><td rowspan="2">南部</td><td>天然</td><td>51 以上</td><td>10</td><td>Ⅵ</td></tr>
<tr><td>人工</td><td>31 以上</td><td>10</td><td>Ⅳ</td></tr>
<tr><td rowspan="2">栎、栲、椴、水曲柳、胡桃楸、黄波罗</td><td rowspan="2">不分南北</td><td>天然</td><td>81 以上</td><td>20</td><td>Ⅴ</td></tr>
<tr><td>天然</td><td>51 以上</td><td>10</td><td>Ⅵ</td></tr>
<tr><td>杉木、柳杉、水杉</td><td>南部</td><td>人工</td><td>26 以上</td><td>5</td><td>Ⅵ</td></tr>
<tr><td>毛竹</td><td>南部</td><td>人工</td><td>6 以上</td><td>2</td><td>Ⅳ</td></tr>
</table>

三、择伐周期（回归年）

（一）择伐周期的概念

在异龄林经营中采用的主伐作业方式是择伐，即在成熟的林分中采伐一部分达到成热的林木，而让其余的保留木继续生长。因此，择伐周期定义为林分在择伐后，通过保留木的生长其蓄积量恢复到伐前的水平，可以再次择伐利用的期限。择伐周期是异龄林经营的经营周期。

（二）择伐周期的确定方法

确定择伐周期的常用方法主要有以下几种。

1. 径级择伐的择伐周期

所谓径级择伐是将某一径级以上的林木全部采掉的择伐。此种采伐方式计算择伐周期（w）的方法比较简单，公式如下：

$$w = a \times n \tag{8-20}$$

式中：a——生长一个径阶所需的年数；

n——择伐的径阶个数。

【例 8－1】 某异龄林分进行择伐作业，计划将采伐直径大于 26 厘米的林木。其林分中最大径阶的林木为 36 厘米。且在此林分中，26～36 厘米的林木每生长 1 个径阶（2 厘米）平均用 4 年，求择伐周期。

将数据代入（8－20）式，有：

$w = 4$ 年 $\times 5 = 20$ 年。

2. 用生长率和采伐强度确定择伐周期

只要确定了林分蓄积量生长率和采伐强度，便可测算出择伐周期。计算公式如下：

$$w = \frac{-\lg(1-s)}{\lg(1+p)} \tag{8-21}$$

式中：s——择伐强度；

p——林分蓄积量生长率。

因为根据择伐周期的定义，有关系式：

$(m - m \times s) \times (1 + p)^{w} = m$（$m$ 为主伐的蓄积量）

$(1 - s) \times (1 + p)^{w} = 1$

等号两边取对数后，有

$$w\lg(1 + p) = \lg1 - \lg(1 - s)$$

所以
$$w = \frac{-\lg(1 - s)}{\lg(1 + p)}$$

【例8－2】 有一个阔叶树，马尾松混交林分，蓄积量200立方米/公顷，蓄积生长率 $p = 5\%$，$s = 30\%$，求择伐周期。

将数据代入（8－21）式，有：

$$w = -\lg(1 - 0.3)/\lg1.05 = 7.31 \approx 7 \text{年}$$

如果已知 p 和给定 w，也可求出择伐强度 s：

$$(m - m \times s) \times (1 + p)^{w} = m$$

$$(1 - s) \times (1 + p)^{w} = 1$$

$$(1 + p)^{w} - s(1 + p)^{w} = 1$$

所以
$$s = [(1 + p)^{w} - 1] / (1 + p)^{w} \qquad (8-22)$$

在现实中使用式（8－21）求择伐周期时，p 的正确与否是关键，p 应该取择伐后 w 年间的平均值。现实中择伐后的 p 通常不知道，一般用伐前几年的平均值代替，这会产生一定的误差，要想解决这个问题，最好的方法是设固定样地长期监测。

（三）影响择伐周期的因素

1. 择伐强度

异龄林的择伐周期长期以来一直是森林经营中的热点问题，讨论的焦点主要是择伐强度的大小。有人认为，择伐强度应大一些，可择伐的收获量较多，作业成本较低；也有人认为，择伐强度应该小一些，每次的收获量少一些，虽然作业成本稍高，但能较好地保持林分结构、生态系统稳定和减少环境破坏等。近年来，国内外择伐强度的应用趋势是小一些。

我国过去曾使用径级择伐、采育择伐、采育兼顾伐等作业方式，采伐强度设计为40%～60%，但加上采伐、集材中损坏的林木，保留林木常不足30%～40%，相应的回归年多定为20～30年。在这样的采伐强度下，所定回归年内根本“回归”不了，有的林分已变成了另外的森林类型，甚至无法恢复伐前的状态。20世纪80年代中期，我国的《森林采伐更新管理办法》规定：一般用材林采伐强度不得大于40%，伐后郁闭度应在0.5以上，容易风倒、枯死的林分，采伐强度不大于30%，伐后郁闭度应在0.6以上。于政中、亢新刚等人对吉林省东部云冷杉林研究的结论是：采伐强度10%～15%，回归年10年左右为好。在国外，日本用材林择伐作业回归年多为10～20年，薪炭林10～15年；欧洲赤松林回归年常在6～10年，挪威云杉林回归年6～8年。

采伐强度较低时，虽然在采伐、集材等生产环节上工效较高强度择伐、皆伐低一些，但它能够较好地保持森林生态系统的稳定性和减少环境的破坏，持续地发挥森林的多种效能，与皆伐相比还能免除造林更新费（即用材林培育中投入最大的一项费用），整体经济效果要更好。

2. 树种特性

喜光的树种择伐强度可大些，回归年相应长些；耐阴树种择伐强度应小些，回归年也短些。浅根性树种抗风倒能力差，回归年应短些。在我国东北及其他地区的云冷杉林中，北美洲变则黄杉原始林中都发生过择伐后保留林木大量风倒死亡的情况。

3. 经营水平

经营水平高（集约）时，在采伐、集材等工序中对保留林木损坏小，回归年可短些；林道密度大，交通条件好，劳动效率就高，回归年可短些。

4. 立地条件

立地条件较差时，如土壤贫瘠肥力低，坡度大水土易流失，海拔高气温低，纬度高林木生长缓慢，气候条件恶劣，植被恢复困难等，在这样的地方择伐，强度要小，回归年应该短一些。当然，在许多立地条件差的地方，当立地条件差到一定程度时，其森林应该划为防护林而不是用材林，也就不涉及回归年的问题了。

第九章 森林资源调查的意义和分类

第一节 森林资源调查的意义

森林调查也称为森林资源调查，是对林业用地进行其自然属性和非自然属性的调查，主要包括森林资源状况、森林经验历史、经验条件及未来发展等方面的调查。森林调查作为一种专门技术，始于买卖青山时的树木材积量测，相当于现代的三类调查。19 世纪初，德国有较精确的森林地图和用形数法编制的立木材积表，但面积和材积都是采取全面实测，效率很低。后来用标准地调查，工作效率有了提高。这时森林调查的目的已转为编制森林经营方案提供数据，属于二类调查，命名为森林经理调查。到了 20 世纪 30—50 年代，在森林调查中引进了抽样调查及航空摄影测量技术，调查效率大为提高。随后电子计算技术的兴起，又使调查数据处理和图面材料的编制趋于高速度、自动化。20 世纪 70 年代以来，由于森林资源数据库的建立与发展，森林调查的技术手段更臻完善。这时随着森林日渐减少和能源缺乏、环境污染等世界性危机的日趋严重，原有林业基层企业的森林调查，已不足以掌握全局。为了重新估计森林的经济、生态与社会作用，把起源于 19 世纪中欧的森林经理检查法所进行的森林经理复查，发展成为全国性的快速的森林资源连续清查，形成了独立于二类调查的完整的一类调查。迄今，世界上许多发达国家已先后进行了 3 次以 10 年为间隔期的连续清查，为编制国家或大地区的林业发展规划提供了资源信息。日本经过 3 次全国性森林资源调查后，由于基层调查细致可靠，且实行了全国电子计算网络资源管理，已改为只有二、三类森林调查。中国从20世纪50年代起开始森林调查工作。50多年来，应用抽样以及电子计算机、林业遥感等先进技术，查清了森林资源情况，进行了全国各大林区的森林经理调查，建立了森林调查的3级体系，森林资源数据库自动化体系也正在逐步建立中。

森林调查有以下意义：(1) 为国家和各级政府制定经济和环境发展计划、方针、政策等提供依据；(2) 为林业企事业单位制定经营计划提供依据；(3) 检查、评价森林经营效果和计划执行情况。

第二节　森林资源调查的分类

一、森林资源调查的分类

按调查的地域范围和目的，森林资源调查分为：以全国（或大区域）为对象的森林资源调查，简称一类调查；为编制规划设计而进行的调查，简称二类调查；为作业设计而进行的调查，简称三类调查。这三类调查上下贯穿、相互补充，形成森林调查体系，是合理组织森林经营，实现森林多功能永续利用、建立和健全各级森林资源管理和森林计划体制的基本技术手段。

二、森林资源调查方法要点

在森林资源调查体系中，由于各类调查的对象范围和目的不同，所采用的方法、技术方案和所提供成果的详细程度和精度也各不相同。

（一）一类调查

主要是森林资源的连续清查。目的从宏观上掌握森林资源的现状和变化。在一般情况下，不要求落实到小地块，也不进行森林区划。当前大都采用以固定样地为基础的连续抽样方法。

固定样地不仅可以直接提供有关林分及单株树木生长和消亡方面的信息，而且由于它本身是一种有多次测定的样本单元，因此可以根据两期以至多期的抽样调查结果，对森林资源的现状，尤其是对森林资源的变化做出更为有效的抽样估计。具体工作步骤包括：

（1）确定抽样总体。通常采用两种办法：一种是以整个地区作为抽样总体，全面布设样地。这种方法可以对整个地区的地类和资源做出估计，但工作量较大。另一种方法是以林业用地作为清查总体，工作量小，但只能查清林业用地上的地类和资源状况。采用哪种方法，应视条件而定。

（2）样地布设。固定样地按系统抽样原则布设在国家地形图公里网交点上，每个固定样地均设永久性标志，按顺序编号，并须绘制样地位置图和编写位置说明文字。

（3）样地调查。除面积量测和一般情况记载外，还需测定林木的蓄积、生长量和枯损量。

（4）计算分析。主要是计算森林资源现状及变化估计值，做出方差分析并得出精度指标。为便于进行森林资源动态预测，还需得出生长、消耗的估计值。

（5）编制调查地区的资源统计表和说明书。包括森林资源统计表、森林资源消长表和森林资源连续清查报告。

2005 年起，我国森林资源一类调查增加了遥感图片卫星判读的工作，主要是辅助固定样地调查，提高一类调查的精度。

（二）二类调查

又称森林经理调查。包括区划、调查、资源统计分析三大部分。

（1）区划。林业基层企业的区划包括分场或营林区及林班。其中林班是永久性经营单位，是二类调查的资源统计单位。林班区划方法分为自然区划、人工区划和综合区划。

（2）调查。以适用的地图如地形图、平面图或航空像片等为依据首先按区划的林班，设计调查方案和进行的路线。森林经理调查中的资源调查，主要是在划分小班的同时进行的目测与实测。小班是以经营措施一致为主要条件划分的。在有近期航空像片时可先在室内勾绘，结合现场确定；也可对坡勾绘或深入林内在地形图上勾绘。高度集约经营时，可通过实测划分小班。小班调查内容、项目可根据需要和实际情况而定。

一般调查重点是蓄积量。小班蓄积量调查的常用方法有样地实测法、目测法、回归估测法与抽样控制总体法。因一般小班面积小，难于控制调查精度，抽样控制总体法的优点是在分别进行小班调查的同时，又以全场或营林区为总体结合进行抽样调查，以取得总体蓄积量的一定可靠性精度，而后与小班汇总资源对比，如发现误差过大时，再对小班蓄积量进行修正。样地实测多采用群状样圆、样方或角规点代替单个较大面积样地。目测调查时，除选典型地段外，还应按面积分散地选出一些目测点。此外，生长量、枯损量、天然与人工更新效果、土壤、病虫害、火灾危险等级、立地条件、珍稀动植物资源及有关经营效果等，也是小班调查的内容。

（3）调查成果分析。主要成果必须满足编制经营方案以及林业区划或总体设计所需资料的要求。主要包括：地类面积，森林面积，用材林近成熟、过熟林组成，树种蓄积，人工林及四旁树，经济林，竹林等资源数据及林相图，森林分布图等资料和调查报告说明书等。如是复查，对于资源的动态变化应进行详细分析。

（三）三类调查

又称作业设计调查。是林业基层单位为满足伐区设计、抚育采伐设计等的需要而进行的调查。对林木的蓄积量和材种出材量要做出准确的测定和计算。在调查过程中，对采伐木要挂号。根据调查对象面积的大小和林分的同质程度，可采用全林实测或标准地调查方法。调查结果要提出物质—货币估算表。

第十章　森林资源规划设计调查程序和步骤

第一节　调查准备

森林资源规划设计调查应提前准备和检验当地适用的立木材积表、形高表（或树高—断面积—蓄积量表）、立地类型表、森林经营类型表、森林经营措施类型表、造林典型设计表等林业数表。为了提高调查质量和成果水平，可根据条件编制、收集或补充修订立木生物量表、地位指数表（或地位级表）、林木生长率表、材种出材率表、收获表（生长过程表）等。

调查图、卡准备，参考上期调查的小班数量，或者经营管理面积，准备调查图卡，以备外业调查记载、内业统计、整理计算。

仪器装备准备根据调查人员数量、外业工作量等，准备外业调查必要的调查仪器、设备。

第二节　小班调查

一、小班调查

（一）原则

（1）根据调查单位的森林资源特点、调查技术水平、调查目的和调查等级，可采用不同的小班调查方法。

（2）小班调查应充分利用上期调查成果和小班经营档案，以提高小班调查精度和效率，保持调查的连续性。

（二）小班调绘

1. 调绘方法

根据实际情况，可分别采用以下方法进行小班调绘：

（1）采用由测绘部门最新绘制的比例尺为 1:10000 ~ 1:25000 的地形图到现地进行勾绘。对于没有上述比例尺的地区可采用由 1:50000 放大到 1:25000 的地形图。

（2）使用近期拍摄的（以不超过两年为宜）、比例尺不小于 1:25000 或由 1:50000 放大到 1:25000 的航片、1:100000 放大到 1:25000 的侧视雷达图片在室内进行小班勾绘，然后到现地核对，或直接到现地调绘。

（3）使用近期（以不超过一年为宜）经计算机几何校正及影像增强的比例尺 1:25000 的卫片（空间分辨率 10 米以内）在室内进行小班勾绘，然后到现地核对。空间分辨率 10 米以上的卫片只能作为调绘辅助用图，不能直接用于小班勾绘。

2. 全球定位系统（GPS）应用

现地小班调绘、小班核对以及为林分因子调查或总体蓄积量精度控制调查而布设样地时，可用全球定位系统（GPS）确定小班界线和样地位置。

二、小班测树因子调查

（一）样地实测法

在小班范围内，通过随机、机械或其他的抽样方法，布设圆形、方形、带状或角规样地，在样地内实测各项调查因子，由此推算小班调查因子。布设的样地应符合随机原则（带状样地应与等高线垂直或成一定角度），样地数量应满足第六章的精度要求。

（二）目测法

当林况比较简单时采用此法。调查前，调查员要通过 30 块以上的标准地目测练习和一个林班的小班目测调查练习，并经过考核，各项调查因子目测的数据 80% 项次以上达到允许的精度要求时，才可以进行目测调查。

小班目测调查时，应深入小班内部，选择有代表性的调查点进行调查。为了提高目测精度，可利用角规样地或固定面积样地以及其他辅助方法进行实测，用以辅助目测。目测调查点数视小班面积不同而定：

3 公顷以下	1 ~ 2 个
4 ~ 7 公顷	2 ~ 3 个
8 ~ 12 公顷	3 ~ 4 个
13 公顷以上	5 ~ 6 个

（三）航片估测法

航片比例尺大于 1:10000 时可采用此法。调查前，分别林分类型或树种（组）抽取若干个有蓄积量的小班（数量不低于 50），判读各小班的平均树冠直径、平均树高、株数、郁闭度等级、坡位等，然后到实地调查各小班的相应因子，编制航空像片树高表、胸径表、立木材积表或航空像片数量化蓄积量表。为保证估测精度，应选设一定数量的样地对数表（模型）进行实测检验，达到90%以上精度时方可使用。

航片估测时，先在室内对各个小班进行判读（可结合小班室内调绘工作），利用判读结果和所编制的航空像片测树因子表估计小班各项测树因子。然后，抽取5% ~10%的判读小班到现地核对，各项测树因子判读精度达到主要小班调查因子允许误差精度要求的小班超过90%时可以通过。

（四）卫片估测法

1. 适用条件

卫片的空间分辨率应达到3米。

2. 建立判读标志

根据调查单位的森林资源特点和分布状况，以卫星遥感数据景幅的物候期为单位，每景选择若干条能覆盖区域内所有地类和树种（组）、色调齐全且有代表性的勘察路线。将卫星影像特征与实地情况对照获得相应影像特征，并记录各地类与树种（组）的影像色调、光泽、质感、几何形状、地形地貌及地理位置（包括地名）等，建立目视判读标志表。

3. 目视判读

根据目视判读标志，综合运用其他各种信息和影像特征，在卫星影像图上判读并记载小班的地类、树种（组）、郁闭度、龄组等判读结果。

对于林地、林木的权属、起源，以及目视判读中难以区别的地类，要充分利用已掌握的有关资料、询问当地技术人员或到现地调查等方式确定。

4. 判读复核

目视判读采取一人区划判读，另一人复核判读方式进行，二人在

“背靠背”作业前提下分别判读和填写判读结果。当两名判读人员的一致率达到90%以上时，二人应对不一致的小班通过商议达成一致意见，否则应到现地核实。当两判读人员的一致率达不到90%以上时，应分别重新判读。对于室内判读有疑问的小班应全部到现地确定。

5. 实地验证

室内判读经检查合格后，采用典型抽样方法选择部分小班进行实地验证。实地验证的小班数不少于小班总数的5%（但不低于50个），并按照各地类和树种（组）判读的面积比例分配，同时每个类型不少于10个小班。在每个类型内，要按照小班面积大小比例不等来选取。各项因子的正判率达到90%以上时为合格。

6. 蓄积量调查

结合实地验证，典型选取有蓄积量的小班，现地调查其单位面积蓄积量，然后建立判读因子与单位面积蓄积量之间的回归模型，根据判读小班的蓄积量标志值计算相应小班的蓄积量。

各种小班调查方法允许调查的小班测树因子见表10－1。

表10－1　　不同调查方法应调查的小班测树因子表

测树因子	调查方法			
	样地法	目测法	航片估测法	卫片估测法
林层	√	√	√	√
起源	√	√	√	√
优势树种（组）	√	√	√	√
树种组成	√	√		
平均年龄（龄组）	√	√	√	√
平均树高	√	√	√	
平均胸径	√	√	√	
优势木平均高	√	√	√	
郁闭度	√	√	√	√

续表

测树因子	调查方法			
	样地法	目测法	航片估测法	卫片估测法
每公顷株数	√	√	√	
散生木蓄积量	√	√		
每公顷蓄积量	√	√	√	√
枯倒木蓄积量	√	√		
天然更新	√	√		
下木覆盖度	√	√		

三、小班调查因子调查记载

（一）不同小班调查记载要求

分别森林类别和地类调查、记载各小班调查因子，详见表 10－2。

表 10－2　　　　不同地类小班调查因子表

项目	地类												
	乔木林	竹林	疏林地	国家特别规定的灌木林	其他灌木林	人工造林未成林地	封育未成林地	苗圃地	采伐迹地	火烧迹地	宜林地	其他无立木林地	辅助生产林地
空间位置	1，2	1，2	1，2	1，2	1，2	1，2	1，2	1，2	1，2	1，2	1，2	1，2	1，2
权属	1，2	1，2	1，2	1，2	1，2	1，2	1，2	1，2	1，2	1，2	1，2	1，2	1，2
地类	1，2	1，2	1，2	1，2	1，2	1，2	1，2	1，2	1，2	1，2	1，2	1，2	1，2
工程类别	1，2	1，2	1，2	1，2	1，2	1，2	1，2		1，2	1，2	1，2	1，2	

续表

项目	地类												
	乔木林	竹林	疏林地	国家特别规定的灌木林	其他灌木林	人工造林未成林地	封育未成林地	苗圃地	采伐迹地	火烧迹地	宜林地	其他无立木林地	辅助生产林地
事权	2	2	2	2	2	2	2		2	2	2	2	
保护等级	2	2	2	2	2	2	2		2	2	2	2	
地形地势	1，2	1，2	1，2	1，2	1，2	1，2	1，2		1，2	1，2	1，2	1，2	
土壤/腐殖质	1，2	1，2	1，2	1，2	1，2	1，2	1，2		1，2	1，2	1，2	1，2	
下木植被	1，2	1，2	1，2	1，2	1，2	1，2	1，2		1，2	1，2	1，2	1，2	
立地类型	1，2	1，2	1，2	1，2	1，2	1，2	1，2		1，2	1，2	1，2	1，2	
立地质量	1	1	1	1	1	1	1		1	1	1	1	
天然更新	1，2	1，2	1，2				1，2		1，2	1，2	1，2	1，2	
造林类型									1，2	1，2	1，2	1，2	
林种	1，2	1，2	1，2	1，2	1，2								

续表

项目	地类												
	乔木林	竹林	疏林地	国家特别规定的灌木林	其他灌木林	人工造林未成林地	封育未成林地	苗圃地	采伐迹地	火烧迹地	宜林地	其他无立木林地	辅助生产林地
起源	1，2	1，2	1，2	1，2	1，2	1，2	1，2						
林层	1												
群落结构	2												
自然度	1，2	1，2	1，2	1，2	1，2								
优势树种（组）	1，2	1，2	1，2	1，2	1，2	1，2	1，2						
树种组成	1	1	1			1	1						
平均年龄	1，2		1，2	1		1，2	1，2						
平均树高	1，2	1，2	1，2	1，2	1，2	1，2	1，2						
平均胸径	1，2	1，2	1，2										
优势木平均高	1												

续表

项目	地类												
	乔木林	竹林	疏林地	国家特别规定的灌木林	其他灌木林	人工造林未成林地	封育未成林地	苗圃地	采伐迹地	火烧迹地	宜林地	其他无立木林地	辅助生产林地
郁闭/覆盖度	1，2	1，2	1，2	1，2									
每公顷株数	1	1	1			1，2	1，2						
散生木				1，2	1，2	1，2	1，2		1，2	1，2	1，2	1，2	
每公顷蓄积量	1，2	1，2	1，2										
枯倒木蓄积量	1，2		1，2										
健康状况	1，2	1，2	1，2	1，2	1，2	1，2	1，2						
调查日期	1，2	1，2	1，2	1，2	1，2	1，2	1，2	1，2	1，2	1，2	1，2	1，2	1，2
调查员姓名	1，2	1，2	1，2	1，2	1，2	1，2	1，2	1，2	1，2	1，2	1，2	1，2	1，2

注：1 为商品林，2 为公益林。

（二）一般小班调查因子记载

一般小班调查因子记载下列各项：

——空间位置：记载小班所在的县（局、总场、管理局）、林场（分场、乡、管理站）、作业区（工区、村）、林班号、小班号。

——权属：分别土地所有权和使用权、林木所有权和使用权调查记载小班的土地、林木权属。

——地类：按最后一级地类调查记载小班地类。

——工程类别：小班的工程类别分为天然林保护工程，退耕还林工程，环京津风沙源治理工程，三北与长江中下游等重点地区防护林建设工程、野生动植物保护和自然保护区建设工程、速生丰产用材林工程、其他工程。

——事权：生态公益林（地）小班填写事权等级（国家级、地方级）。

——保护等级：生态公益林（地）小班填写保护等级（特殊保护、重点保护、一般保护）。

——地形地势：记载小班的地貌、平均海拔、坡度、坡向和坡位等因子。

——土壤：记载小班土壤名称（记至土类）、腐殖质层厚度、土层厚度（A 层 + B 层）、质地、石砾含量等。

——下木植被：记载下层植被的优势和指示性植物种类、平均高度和覆盖度。

——立地类型：查立地类型表确定小班立地类型。

——立地质量：根据小班优势木平均高和平均年龄查地位指数表，或根据小班主林层优势树种平均高和平均年龄查地位级表确定小班的立地质量。对疏林地、无立木林地、宜林地等小班可根据有关立地因子查数量化地位指数表确定小班的立地质量。

——天然更新：调查小班天然更新幼树与幼苗的种类、年龄、平均高度、平均根径、每公顷株数、分布和生长情况，并评定天然更新等级。

——造林类型：对适合造林的小班，根据小班的立地条件，按照适地适树的原则，查造林典型设计表确定小班的造林类型。

——林种：按林种划分技术标准调查确定，记载到亚林种。

——起源：按主要生成方式调查确定。

——林层：商品林按林层划分条件确定是否分层，然后确定主林层。并分别林层调查记载郁闭度、平均年龄、株数、树高、胸径、蓄积量和树种组成等测树因子。除株数、蓄积量以各林层之和作为小班调查数据以外，其他小班调查因子均以主林层的调查因子为准。

——自然度：根据干扰程度记载。

——群落结构：公益林根据植被的层次多少确定群落结构类型。

——自然度：天然林根据干扰的强弱程度记载到级。

——优势树种（组）：分别林层记载优势树种（组）。

——树种组成：分别林层用十分法记载。

——平均胸径：分别林层，记载优势树种（组）的平均胸径。

——平均年龄：分别林层，记载优势树种（组）的平均年龄。平均年龄由林分优势树种（组）的平均木年龄确定，平均木是指具有优势树种（组）断面积平均直径的林木。

——平均树高：分别林层，调查记载优势树种（组）的平均树高。在目测调查时，平均树高可由平均木的高度确定。灌木林设置小样方或样带估测灌木的平均高度。

——优势木平均高：在小班内，选择 3 株优势树种（组）中最高或胸径最大的立木测定其树高，取平均值作为小班的优势木平均高。

——郁闭度或覆盖度：有林地小班用目测或仪器测定各林层林冠对

地面的覆盖程度，取小数2位；灌木林设置小样方或样带估测并记载覆盖度，用百分数表示。

——每公顷株数：商品林分别林层记载活立木的每公顷株数。

——散生木：分树种调查小班散生木株数、平均胸径，计算各树种材积和总材积。

——每公顷蓄积量：分别林层记载活立木每公顷蓄积量。

——枯倒木蓄积量：记载小班内可利用的枯立木、倒木、风折木、火烧木的总株数和平均胸径，计算蓄积量。

——健康状况：记载林地卫生、林木（苗木）受病虫危害和火灾危害以及林内枯倒木分布与数量等状况。林木病虫害应调查记载林木病虫害的有无以及病虫种类、危害程度。森林火灾应调查记载森林火灾发生的时间、受害面积、损失蓄积。

——调查日期：记录小班调查时的年、月、日。

——调查员姓名：由调查员本人签字。

（三）其他小班调查因子调查记载

1. 用树林近成过熟林小班

除按一般小班调查记载小班因子外，还要调查记载小班的可及度状况：

（1）即可及、将可及小班采用实测标准地（样地）、角规控制检尺、数学模型等方法调查或推算各径级组株数和蓄积量。

（2）即可及、将可及小班采用实测标准地（样地）、数学模型等方法调查或推算商品用材树、半商品用材树和薪材树的株数和蓄积。

（3）即可及、将可及小班根据小班蓄积量和林分材种出材率表或直径分布和单木材种出材率表确定材种出材量。

2. 择伐林小班

对于实行择伐方式的异龄林小班，采用实测标准地（样地）、角规控制检尺等调查方法调查记载小班的直径分布。

3. 人工幼林、未成林人工造林地小班

除按一般小班调查记载小班因子外，还要调查记载整地方法、规格、造林年度、造林密度、混交比、成活率或保存率及抚育措施。

4. 竹林小班

对于商品用材林中的竹林小班增加调查记载小班各竹度的株数和株数百分比。

5. 经济林小班

（1）有蓄积量的乔木经济林小班，应参照用材林小班调查计算方法调查记载小班蓄积量。

（2）调查各生产期的株数和生长状况。

6. 公益林小班

下经理期有经营活动的公益林或天然异龄林小班应参照用材林小班的要求补充调查因子。

7. 辅助生产林地小班

调查记载辅助生产林地及其设施的类型、用途、利用或保养现状。

第三节 林网、四旁树、散生木调查

一、林网调查

达到有林地标准的农田牧场林带、护路林带、护岸林带等不划分小班，但应统一编号，在图上反映，除按照生态公益林的要求进行调查外，还要调查记载林带的行数、行距。

二、城镇林、四旁树调查

四旁树是指在宅旁、村旁、路旁、水旁等地栽植的面积不到0.067公顷的各种竹丛、林木。达到有林地标准的城镇林、四旁林视其森林类别分别按照商品林或生态公益林的调查要求进行调查。在宅旁、村旁、路旁、水旁等地栽植的达不到有林地标准的各种竹丛、林木，包括平原农区达不到有林地标准的农田林网树，以街道、行政村为单位，街段、户为样本单元进行抽样调查。

三、散生木调查

散生木是指生长在竹林地、灌木林地、未成林造林地、无立木林地和宜林地上达到起测胸径的林木，以及散生在幼林中的高大林木。散生木应按小班进行全面调查、单独记载。

第四节　调查总体蓄积量控制

一、控制总体

以调查范围为总体进行蓄积量抽样调查控制。调查面积小于5000公顷或森林覆盖率小于15%的总体可以不进行抽样控制，也可以与相邻调查区域联合进行抽样控制，但应保证控制范围内调查方法和调查时间的一致性。

二、总体精度

总体抽样控制精度根据调查区域的性质确定：

（1）以商品林为主的调查总体为90%；

（2）以公益林为主的调查总体为85%；

（3）自然保护区、森林公园为80%。

三、抽样方法

在抽样总体内，采用机械抽样、分层抽样、成群抽样等抽样方法进行抽样控制调查，样地数量要满足抽样控制精度要求。

四、样地调查与精度计算

样地实测可以采用角规测树、每木检尺等方法。根据样地样木测定的结果计算样地蓄积量，并按相应的抽样理论公式计算总体蓄积量、蓄积量标准误和抽样精度。

五、精度控制

当总体蓄积量抽样精度达不到规定的要求时，要重新计算样地数量，并布设、调查增加的样地，然后重新计算总体蓄积量、蓄积量标准误和抽样精度，直至总体蓄积量抽样精度达到规定的要求。

六、蓄积量控制

将各小班蓄积量汇总计算的总体蓄积量（包括林网和四旁树蓄积量）与以总体抽样调查方法计算的总体蓄积量进行比较：

（1）当两者差值不超过±1倍的标准误时，即认为由小班调查汇总的总体蓄积量符合精度要求，并以各小班汇总的蓄积量作为总体蓄积量。

（2）当两者差值超过±1倍的标准误，但不超过±3倍的标准误时，应对差异进行检查分析，找出影响小班蓄积量调查精度的因素，并根据影响因素对各小班蓄积量进行修正，直至两种总体蓄积量的差值在 ±1 倍的标准误范围以内。

（3）当两者差值超过 ±3 倍的标准误时，小班蓄积量调查全部返工。

第五节　专项调查

一、调查主要内容与方法

由调查会议确定的生长量调查、消耗量调查、土壤调查、森林病虫害调查、森林火灾调查、珍稀植物、野生经济植物资源调查、野生动物资源调查、湿地资源调查、荒漠化土地资源调查、森林多种效益计量、评价调查和林业经济调查等各专项调查，可按照林业部制定的《林业专业调查主要技术规定》和其他有关专项调查技术规定（或实施细则）的调查方法执行。

二、调查重点

各地在开展森林资源规划设计调查时，应根据当地森林资源的特点和调查的目的等，对调查的内容及其详细程度有所侧重：

（1）以森林主伐利用为主的地区，应着重对地形、可及度，以及用材林的近、成、过熟林测树因子等进行调查。

（2）以森林抚育改造为主的地区，应着重对幼中龄林的密度、林木生长发育状况等林分因子以及立地条件进行调查。

（3）以更新造林为主的地区，应着重对土壤、水资源等条件及天然更新状况等进行调查，以做到适地适树，保证更新造林质量。

（4）以自然保护为主的地区，应着重调查被保护对象种类、分布、数量、质量、自然性以及受威胁状况等。

（5）以防护、旅游等生态公益效能为主的林区，应分别不同的类型，着重调查与发挥森林生态公益效能有关的林木因子、立地因子和其他因子。

第六节　调查统计

一、统计与成图

（一）成果统计

1. 统计要求

（1）所有调查材料，应经专职检查人员检查验收。

（2）小班调查材料验收完毕后才能进行资源统计。各种统计成果报表在形式和内容上均要相同。

2. 统计方法

（1）统计报表采用由小班、林班向上逐级统计汇总方式进行。

（2）当小班由几个地块合并而成时，可选择面积最大的地块或根据经营方向确定一个地块的调查因子作为合并小班的调查因子，但小班蓄积量为各地块的蓄积量之和。在统计汇总时，采用合并后小班的调查因子。

3. 内业统计

按照森林经营区划系统分层进行统计汇总。

4. 统计表

统计表分权属统计汇总。统计表格式见附录 A 和附录 B。其中表

A.1 按土地所有权统计，表 A.2 按林木所有权统计。

（二）成果图

1. 成果图绘制

各种规划设计调查成果图可采用计算机或手工等制图手段绘制，图式应符合 LY/T 1821—2009 的规定。

2. 基本图编制

（1）基本图主要反映调查单位自然地理、社会经济要素和调查测绘成果。它是求算面积和编制林相图及其他林业专题图的基础资料。

（2）基本图图幅按国际分幅编制。

（3）基本图比例尺根据调查单位的面积大小和林地分布情况确定，可采用 1:5000、1:10000、1:25000 等不同比例尺。

（4）基本图的底图采用：

——计算机成图：直接利用调查单位所在地的国家基础地理信息数据绘制基本图的底图，或将符合精度要求的最新地形图输入计算机，并矢量化，编制基本图的底图。

——手工成图：用符合精度要求的最新地形图手工绘制基本图的底图。

（5）基本图编制：

——将调绘手图（包括航片、卫片）上的小班界、林网转绘或叠加到基本图的底图上，在此基础上编制基本图。转绘误差不超过 0.5 毫米。

——基本图的编图要素包括各种境界线（行政区域界、国有林业局、林场、营林区、林班、小班）、道路、居民点、独立地物、地貌（山脊、山峰、陡崖等）、水系、地类、林班注记、小班注记。

3. 林相图编制

以林场或乡（村）为单位，用基本图为底图进行绘制，比例尺与基本图一致。林相图根据小班主要调查因子注记与着色。凡有林地小班，应进行全小班着色，按优势树种确定色标，按龄组确定色层。其他小班仅注记小班号及地类符号。

4. 森林分布图编制

以经营单位或县级行政区域为单位，用林相图缩小绘制。比例尺一般为1:50000～1:100000。其绘制方法是将林相图上的小班进行适当综合。凡在森林分布图上大于4平方毫米的非有林地小班界均需绘出。但大于4平方毫米的有林地小班，则不绘出小班界，仅根据林相图着色区分。

5. 森林分类区划图和专题图编制

（1）森林分类区划图编制。

以经营单位或县级行政区域为单位，用林相图缩小绘制。比例尺一般为1:50000～1:100000。该图分别工程区、森林类别、生态公益林保护等级和事权等级着色。

（2）专题图编制。

以反映专项调查内容为主的各种专题图，其图种和比例尺根据经营管理需要，由调查会议具体确定。

二、面积量算

（一）技术要求

（1）按照“层层控制，分级量算，按比例平差”的原则进行面积量算。即先量算调查总体的面积，再量算内部各层经营管理区域、林班（村）面积，最后量算小班面积。

（2）一个图幅上的各部分面积，要分别量测进行平差。

（二）量算方法

用地理信息系统（GIS）绘制成果图时，可直接用地理信息系统量算林班和小班面积。手工绘制成果图时，可用几何法、网点网格法或求积仪等量算林班和小班面积。

（三）面积平差

各林班面积之和与上一层经营区划单位面积相差不到1%，林班内各小班面积之和与林班面积相差不到2%时，可进行平差，超出时应重新量算。

（四）面积单位与精度

面积量算以公顷为单位，精确到0.1公顷。

三、调查精度

（一）允许误差

主要小班调查因子允许误差分别经营单位性质、小班森林类别等分为A、B、C三个等级：

（1）国有森林经营单位和重点林区县，商品林小班允许误差采用等级“A”；

（2）其他区域的商品林小班、所有单位的一般生态公益林小班允许误差采用等级“B”；

（3）自然保护区、原始林区小班允许误差采用等级“C”。

各等级的允许误差见表10－3。

表10－3　主要小班调查因子允许误差表（%）

调查因子	误差等级		
	A	B	C
小班面积	5	5	5
树种组成	5	10	20
平均树高	5	10	15

续表

调查因子	误差等级		
	A	B	C
平均胸径	5	10	15
平均年龄	10	15	20
郁闭度	5	10	15
每公顷断面积	5	10	15
每公顷蓄积量	15	20	25
每公顷株数	5	10	15

（二）其他要求

小班调查时确定的小班权属、地类、林种、起源不得有错。

第七节　森林管理档案

一、表格材料

1. 小班调查簿

森林资源规划设计调查的小班调查簿格式由各地自定。

2. 统计表

应提交下列 6 种统计表，格式见附录 A。

（1）各类土地面积统计表；

（2）各类森林、林木面积蓄积统计表；

（3）林种统计表；

（4）乔木林面积、蓄积按龄组统计表；

(5) 生态公益林（地）统计表；

(6) 红树林资源统计表。

二、图面材料

图面材料包括：

(1) 基本图，比例尺为 1∶5000～1∶25000；

(2) 林相图，比例尺为 1∶10000～1∶50000；

(3) 森林分布图，比例尺为 1∶50000～1∶100000；

(4) 森林分类区划图，比例尺为 1∶50000～1∶100000；

(5) 其他专题图。

三、文字材料

文字材料包括：

(1) 森林资源规划设计调查报告；

(2) 专项调查报告；

(3) 质量检查报告。

四、电子文档

与上述表格材料、图面材料和文字材料相对应的电子文档。

第十一章　我国林业经济的发展

第一节　林业经济规模现状

一、森林资源总量及评价

（一）森林资源总量

根据第七次全国森林资源清查（2004—2008 年）结果：除港、澳、台地区外，全国森林面积 19333.00 万公顷，活立木总蓄积 145.54 亿立方米，森林蓄积 133.63 亿立方米。天然林面积 11969.25 万公顷，天然林蓄积 114.02 亿立方米；人工林保存面积 6168.84 万公顷，人工林蓄积 19.61 亿立方米，人工林面积居世界首位。

第六次清查与第七次清查间隔五年内，中国森林资源呈现六个重要特点和变化：

一是森林面积、蓄积持续增长，全国森林覆盖率稳步提高。森林面积净增 2054.30 万公顷，全国森林覆盖率由 18.21% 提高到 20.36%，上升了 2.15 个百分点。活立木总蓄积净增 11.28 亿立方米，森林蓄积净增 11.23 亿立方米。

二是天然林面积、蓄积明显增加，天然林保护工程区增幅明显。天然林面积净增 393.05 万公顷，蓄积净增 6.76 亿立方米。天然林保护工程区的天然林面积净增量比第六次清查多 26.37%，蓄积净增量是第六次清查的 2.23 倍。

三是人工林面积蓄积快速增长，后备森林资源呈增加趋势。人工林面积净增843.11万公顷，人工林蓄积净增4.47亿立方米。未成林造林地面积1046.18万公顷，其中乔木树种面积637.01万公顷，比第六次清查增加30.17%。

四是林木蓄积生长量增幅较大，森林采伐逐步向人工林转移。林木蓄积年净生长量5.72亿立方米，年采伐消耗量3.79亿立方米，林木蓄积生长量继续大于消耗量，长消盈余进一步扩大。天然林采伐量下降，人工林采伐量上升，人工林采伐量占全国森林采伐量的39.44%，上升12.27个百分点。

五是森林质量有所提高，森林生态功能不断增强。乔木林每公顷蓄积量增加1.15立方米，每公顷年均生长量增加0.30立方米，混交林比例上升9.17个百分点。有林地中公益林所占比例上升15.64个百分点，达到52.41%。

随着森林总量的增加、森林结构的改善和质量的提高，森林生态功能进一步得到增强。中国林科院依据第七次全国森林资源清查结果和森林生态定位监测结果评估：

全国森林植被总碳储量78.11亿吨。我国森林生态系统每年涵养水源量4947.66亿立方米，年固土量70.35亿吨，年保肥量3.64亿吨，年吸收大气污染物量0.32亿吨，年滞尘量50.01亿吨。仅固碳释氧、涵养水源、保育土壤、净化大气环境、积累营养物质及生物多样性保护等6项生态服务功能年价值达10.01万亿元。

六是个体经营面积比例明显上升，集体林权制度改革成效显现。

有林地中个体经营的面积比例上升11.39个百分点，达到32.08%。个体经营的人工林、未成林造林地分别占全国的59.21%和68.51%。作为经营主体的农户已经成为我国林业建设的骨干力量。

（二）对我国森林资源现状的评价

第七次全国森林资源清查结果表明，我国森林资源进入了快速发展时期。重点林业工程建设稳步推进，森林资源总量持续增长，森林的多功能多效益逐步显现，木材等林产品、生态产品和生态文化产品的供给能力进一步增强，为发展现代林业、建设生态文明、推进科学发展奠定了坚实基础。

从清查结果看，我国森林资源保护和发展依然面临着以下突出问题：

1. 森林资源总量不足

我国森林覆盖率只有全球平均水平的2/3，排在世界第139位。人均森林面积0.145公顷，不足世界人均占有量的1/4；人均森林蓄积10.151立方米，只有世界人均占有量的1/7。全国乔木林生态功能指数0.54，生态功能好的仅占11.31%，生态脆弱状况没有根本扭转。生态问题依然是制约我国可持续发展最突出的问题之一，生态产品依然是当今社会最短缺的产品之一，生态差距依然是我国与发达国家之间最主要的差距之一。

2. 森林资源质量不高

我国乔木林每公顷蓄积量85.88立方米，只有世界平均水平的78%，平均胸径仅13.3厘米，人工乔木林每公顷蓄积量仅49.01立方米，龄组结构不尽合理，中幼龄林比例依然较大。

森林可采资源少，木材供需矛盾加剧，森林资源的增长远不能满足经济社会发展对木材需求的增长。

3. 林地保护管理压力增加

征占用林地有所增加，局部地区乱垦滥占林地问题严重。

4. 营造林难度越来越大

我国现有宜林地质量好的仅占13%，质量差的占52%；全国宜林地60%分布在内蒙古和西北地区。今后全国森林覆盖率每提高1个百分点，需要付出更大的代价。

（三）加强我国森林资源保护和发展的对策措施

以科学发展观为指导，以兴林富民为宗旨，紧紧围绕建设生态文明，加快造林绿化步伐，全面推进森林经营，加强森林资源保护管理，着力增加森林总量，提高森林质量，增强森林功能。

（1）加快造林绿化步伐，确保2020年实现森林面积增加4000万公顷的目标。

（2）全面推进森林经营，着力提升森林质量和效益。

（3）立足国内增强木材供给能力，维护国家木材安全。

（4）实行严格的林地保护制度，保障林业发展空间。

（5）大力增加森林固碳总量，提高林业应对气候变化能力。

（6）加强森林资源管理基础建设，提升森林资源保护管理水平。

二、林业产业发展现状及趋势

（一）林业产业发展现状

新中国成立60多年来，特别是改革开放以后，随着国民经济和社会的发展，我国林业产业的发展由小到大，由缺到全，由弱渐强，目前已形成涉及国民经济第一产业、第二产业、第三产业的多个门类、多种产品的复合产业群体，已成为国民经济的重要基础产业和极具潜力的朝阳产业，在国民经济和社会发展中具有独特优势，发挥着重大作用。特别是近些年来，我国林业产业一直保持强劲的发展势头，产业规模不断扩大。

“十一五”期间，我国林业产业总产值平均增速超过20%，2010年我国林业产业总产值首次突破2万亿元大关，达到2.28万亿元（按现价计算），比2009年增长30.21%。这是继2006年首次突破1万亿元大关之后，又一次实现历史性突破。林产品进出口总额由“十五”末的400亿美元增长到“十一五”末的963亿美元。林业产业结构调整迈出新步伐。林业一、二、三产业的比例由“十五”末的52∶41∶7调整为“十一五”末的38∶53∶9，林业工业化进程明显加快，第三产业比重逐步加大。以油茶等木本粮油、干鲜果品、茶、中药材以及森林食品在内的经济林产品的种植与采集业产值成为林业第一产业的亮点，以木、竹加工为主的林业第二产业主要产品产量持续增长，森林旅游业成为林业第三产业新的增长点，野生动植物驯养繁育利用产业发展迅猛，花卉苗木产业已成为综合性朝阳产业。我国林业产业初步形成了以市场需求为导向、基地建设为手段、精深加工为带动、多主体共同发展的新格局。

（二）我国林业发展的政策重点

我国林业发展的主要政策重点体现在加强重点工程政策扶持，深化林业产权制度改革，加快推进森林、林木和林地使用权的合理流转，放手发展非公有制林业，深化重点国有林区和国有林场、苗圃管理体制改革，实行林业分类经营管理，加强对林业发展的金融支持，减轻林业税收负担等八个方面。

1. 加强重点工程的政策扶持

第一，在天保工程上，国家投资近千亿元，全面停止长江上游、黄河上中游地区的木材生产，大幅度调减东北内蒙古等重点国有林区的木材产量。大力加强森林资源保护，杜绝超限额采伐。第二，对退耕还林工程，国家无偿向退耕户提供粮食和现金补助。第三，对三北、长江等防护林工程，国家提供一定的种苗和造林补助。第四，速生丰产林是以发挥经济效益为主，以地方投资、企业投资、民间投资、外资等投入为主，国家给予政策性贴息贷款扶持，并在种苗和病虫害防治等方面给予适当补助。国家的农业综合开发资金，对经济林、花卉等示范基地，给予适当补助。

2. 深化林业产权制度改革

要明晰产权，尽快核发林权证。已经划定的自留山，由农户长期无偿使用，不得强行收回。自留山上的林木一律归农户所有。对能够绿化而不能及时造林绿化的要采取措施限期绿化。分包到户的责任山，要保持承包关系的稳定。承包户不愿意继续承包的，可以交回集体经济组织另行处理。对于目前仍由集体统一管理的山林，要区分情况，分类指导，积极探索一些有效的经营形式。比如实行分户承包经营、拍卖等。

3. 加强对林业发展的财政、金融支持

国家对林业实行长期限、低利息的信贷扶持政策，具体贷款期限根据林木的生长周期由银行和企业协商确定，并视情况给予一定的财政贴息。国家要求有关金融机构对个人造林育林，适当放宽贷款条件，扩大面向农户和林业职工的小额信贷和联保贷款。林业经营者可依法以林木抵押申请银行贷款。

4. 减轻林业税费负担

取消了原木、原竹的农业特产税。取消对林农和其他林业生产经营者的各种不合理收费。改革育林基金征收、管理和使用办法，征收的育林基金逐步全部返还给林业生产经营者，基层林业管理单位因此出现的经费缺口由财政解决。

5. 加快推进森林、林木和林地使用权的合理流转

各种社会主体都可以通过承包、租赁、转让、拍卖、协商划拨的形式参与。林子可以作为一种特殊商品买卖。森林、林木和林地使用权可依法继承、抵押、担保、入股和作为合资、合作的出资或条件。积极培育林木市场，开展森林资源的资产评估。规范流转程序，加强流转管理。

6. 放手发展非公有制林业

国家鼓励各种社会主体跨所有制、跨行业、跨地区投资发展林业。凡是有能力的农户、城镇居民、科技人员、私营企业主、外国投资者、

企事业单位，都可以合伙参与林业开发。非公有制林业具有合法地位。在对待公有制林业和非公有制林业上，要实行统一的税费政策、资源利用政策和投融资政策。

7. 实行林业分类经营管理体制

在充分发挥森林多方面功能的前提下，按照主要用途的不同，将全国林业区分为公益林业和商品林业两大类，分别采取不同的管理体制、经营机制和政策措施。公益林业要按照公益事业进行管理，以政府投资为主，吸引社会力量共同建设。目前纳入国家重点生态公益林的资金由中央预算支付，商品林业要按照基础产业进行管理，主要由市场配置资源，政府给予必要扶持。

8. 实行森林生态效益补偿基金制度

2004 年中央森林生态效益补偿基金制度正式确立并在全国范围内全面实施。中央森林生态效益补偿基金是对重点公益林管护者发生的营造、抚育、保护和管理支出给予一定补助的专项资金。基金的补偿范围为国家林业局公布的重点公益林林地中的有林地，以及荒漠化和水土流失严重地区的疏林地、灌木林地、灌丛地。

（三）我国林业产业的差距

我国已成为一个林业产业大国。我国的经济林产品产量、竹产量、人造板产量、松香产量等主要林产品产量居世界第一，纸和纸板产量居世界第二。同时，我国也是一个林产品进出口大国。但我国还不是一个林业产业强国，与世界发达国家水平相比，我们还有不小的差距。

在国民生产总值中，林业产业所占比重较低，在林业总产值中，第二、第三产业产值所占比例过低。据世界粮农组织统计，在全球总产值中，林业产业所占比重为 7%，而我国比重较低；在 GDP 中，林业产业增加值所占比重仅为 0.97%，还不到百分之一。在林业总产值中，世界发达国家第二、第三产业产值所占比重一般超过 70%，高的达到 90% 以上，而我国为 56% 左右，其中第三产业产值所占比重仅为 7%。

以木材及其他林产品加工为主的第二产业加工企业规模小，技术水平低，初级低档产品多，精深加工产品少。木浆造纸、纤维板、刨花板属资金技术密集型产业，规模效益明显。但我国的木浆造纸、刨花板、中密度纤维板和定向刨花板的企业平均规模分别仅为世界水平的 33%、13%、35%、10%，企业不仅规模小，技术装备水平也普遍较低，除少数外资企业和以进口设备为主的大型企业外，大多数仍处于国际上 20 世纪 60—70 年代水平。我国的松香产量大，完全可以居于世界垄断地位，但目前其主要以原料和初级加工产品为主。我国的木材综合利用率仅为 60% 左右，与世界发达国家的差距也较大。

科技含量低，科技成果转化慢。从业人员的整体素质偏低，全国林业系统各类专门人才仅占职工总数的 25%，并且以初级专业技术人员为主，远低于其他行业，更低于发达国家同行业 40% 以上的水平。企业技术创新能力弱，对新技术、新设备的利用程度差，科技成果转化率低，林业产业科技贡献率仅为 20%，远低于全国其他行业 40% 的平均水平。由于缺乏自主知识产权，在技术和资本密集型产品生产领域受到国外企业的挤压，许多企业沦为原料和初级产品供应者，出口林产品大部分是贴牌生产。此外，我国林业产业发展还面临着资源基础支撑能力弱的问题。森林资源总量不足，森林质量低，传统林区的可采资源趋于枯竭，木材供需矛盾日益尖锐，进口依存度不断增大，资源短缺已成为我国林业产业发展的瓶颈。

（四）我国林业经济发展趋势

从林业产业大国迈向林业产业强国，是我国林业产业发展的必然趋势。目前，我国正处于一个新的历史发展时期，各种社会因素对林业产业的发展必将产生重大影响。

全面建设小康社会，日益增长的社会需求将拉动林业产业快速发展。我国已进入全面建设小康社会阶段，社会的生产结构和消费结构将发生较大变化。林产品具有天然、绿色、环保、可再生及可循环的特点，完全适应这种消费趋势的变化，林产品的需求将不断增长。首先它表现为对木材消费的增加。在这个阶段，人们的消费重点将由吃和穿转到住和行上来，住房面积的扩大、装修标准的提高和家具使用的增加，必将对木材消费提出巨大需求。其次，它表现为对绿色林产品需求的增加。包括经济林产品、竹产品、森林食品、花卉等等。林产品产于自然，很少污染，含人体所需的维生素、氨基酸和多种有机成分等，是健康食品的首选。最后，它表现为对森林旅游多种需求的增加，精神消费需求的增加，回归自然，享受自然成为时尚，而森林旅游是最好的选择。

随着世界经济一体化，世界市场有待我们去开拓。按照比较经济学观点，在生产要素中，谁具有比较优势，谁就能获取比较效益，谁就能占有市场。我国劳动力数量多，素质高，且价格相对便宜，从而劳动力密集产品具有比较优势。正是基于这一点，我国将成为世界制造中心。林业产业，特别是林产工业如胶合板、家具生产等多属劳动密集型行业，中小型企业居多，可以吸纳大量劳动力，制造出具有明显价格优势的出口产品。

进入新世纪，我国经济社会发生了重大变化，从总体上看，我国城乡经济融合加快、城乡要素流动加快、城乡体制改革加快的发展趋势已经形成，我国总体上已经进入了以工促农、以城带乡的新阶段。我国财政收入的快速增长，为反哺林业提供了良好的物质基础。

我国人均林产品消费水平较低，具有较大的市场潜力，客观的需求为林业产业的发展提供了广阔的空间。《中共中央国务院关于加快林业发展的决定》明确提出："适应生态建设和市场需求的变化，推动产业重组，优化资源配置，加快形成以森林资源培育为基础、以精深加工为带动、以科技进步为支撑的林业产业发展新格局。鼓励以集约经营方式，发展原料林、用材林基地，积极发展木材加工尤其是精深加工，延长产业链，实现多次增值，提高木材综合利用率。”同时要求：“突出发展名特优新经济林、生态旅游、森林食品、珍贵树种和药材培植以及野生动物驯养繁殖等新兴产品产业，培育新的林业经济增长点。”这为建设比较发达的林业产业体系指明了方向，我国林业产业必将迎来一个快速发展的新时期。

我国林业产业由大变强的过程中，将呈现以下变革：

林区经济结构由资源主导型向技术主导型转变。过去我国林区经济是“独木经济”，主要靠砍木头支撑林区经济。随着经济社会的发展，人们回归自然的情结和自身保健意识的不断增强，森林资源的多功能价值越来越被人们重视。森林旅游、花卉产业、森林食品和森林药材等新兴产业快速崛起，已成为林业产业发展中的新的经济增长点。

资源配置方式由政府主导型向市场主导型转变。无论是营造林还是木材加工利用，都不再按计划经济模式配置资源，而是按市场机制去配置。在经济发展中，以可再生资源代替不可再生资源是必然的选择，市场配置将提高资源配置的效率。

经济增长方式由粗放型向集约型转变。林业产业属资源约束型产业，要提高生产效率，使有限的资源得到充分利用，实现最大程度的增值，必须加大产品的科技含量，走集约化经营的道路。林业产业，特别是高增值的人造板、木浆造纸生产，规模效益明显，规模化生产是必然趋势。

发展模式由单一国有型向多元混合型转变。非公有制经济是我国社会主义市场经济的重要组成部分，是推动我国经济发展的重要力量，“必须毫不动摇地鼓励、支持和引导非公有制经济的发展”。近几年的实践表明，林业产业的发展得益于非公有制林业的迅猛发展，非公有制林业已迸发出强大的生命力。

由利用一种资源、一个市场向利用两种资源、两个市场转变。要适应改革开放的新形势，走出去到资源富集地区建立和开发原料林基地，发展高技术含量、高附加值产品去拓展世界市场。

第二节　林业区域布局

按照国家推进形成主体功能区的要求，以重点工程为依托，加快构筑东北森林区、西北风沙区、东部沿海区、西部高原区、长江、黄河、珠江、中小河流及库区、平原农区、城市森林等十大生态屏障，形成维护国土生态安全的保障体系。

一、东北森林屏障

范围包括长白山、张广才岭、小兴安岭、大兴安岭以及三江平原地区。以天然林保育为重点，加强天然林保护；开展森林抚育和低效林改造，提高森林生态系统整体功能；加强自然保护区建设；保护高纬度湿地资源，遏制湿地围垦和改造，加强自然湿地保护；加强森林防火，提高预警监测、火情快速处臵能力；保护该区域高纬度永久冻土资源。

二、北方防风固沙屏障

范围包括内蒙古中西部、辽宁西部、吉林西部、河北北部、北京北部、山西、陕西、甘肃西部及东北部、青海北部、新疆和宁夏。以治理风沙危害和水土流失为重点，在保护现有植被和生物多样性、加大防控鼠兔害基础上，封飞造、乔灌草相结合，因地制宜，开展植树造林、退耕还林等生态修复；在条件合适的地区建设沙化土地封禁保护区；加强自然保护区建设；实施生态补水，维护湿地生态功能。

三、东部沿海防护林屏障

范围包括我国东南沿海地区。以营造沿海防护林为重点，建设以消浪林带、海岸基干林带、纵深防护林为主的综合防护林体系，形成多层次海岸保护带；加强自然保护区建设；保护滨海湿地。

四、西部高原生态屏障

范围包括青藏高原及东南缘和黄土—云贵高原地区。在青藏高原及东南缘地区，以保护修复为重点，全面加强对天然林、原生植被、生物多样性和三江源头高寒湿地及祁连山水源涵养区、甘南重要水源补给区等生态系统的保护，以及川西北沙化治理；在黄土—云贵高原地区，突出水土流失综合治理、退化森林修复和石漠化综合治理，建设以林草植被为主体、布局合理、结构稳定、功能完善的防护林体系。

五、长江流域生态屏障

范围包括青海、西藏、甘肃、四川、云南、贵州、重庆、陕西、湖北、湖南、河南、安徽、江西、江苏、山东、浙江、福建、上海等18个省份。以长江防护林、天然林保护和退耕还林等工程为依托，以突出涵养水源，防治水土流失为主要目的，积极推进植树造林、森林抚育和低效林改造，加快森林生态系统功能恢复的步伐；加强流域内自然保护区建设和湿地保护与恢复；突出长江上中游和洞庭湖、鄱阳湖地区和三峡库区、丹江口库区及沿线的治理，重点构筑三峡库区周边和南水北调源头及沿线生态屏障。

六、黄河流域生态屏障

范围包括青海、四川、甘肃、宁夏、内蒙古、陕西、山西、河南、山东等9个省份。依托天然林资源保护、退耕还林、三北防护林体系建设等重点工程，以突出涵养水源、防治水土流失为主要目的，积极推进植树造林、森林抚育经营，加快森林生态系统功能恢复的步伐，加强流域内自然保护区建设和湿地保护与恢复。

七、珠江流域生态屏障

范围包括江西、湖南、云南、贵州、广西和广东6个省份。依托珠江防护林、天然林保护、退耕还林等重点工程，加强水源涵养林建设，治理水土流失及石漠化；保护浅海湿地滩涂，修复湿地生态功能；加强自然保护区建设，保护珍稀野生动植物资源。

八、中小河流及库区生态屏障

范围包括流域面积200平方千米以上有防洪任务的中小河流重点河段，存在病险隐患的中小水库。以防护林体系建设、天然林资源保护、退耕还林（草）等工程为依托，以植树造林、保护和恢复湿地等生物措施积极防治水土流失，涵养水源和净化水质。加强自然保护区建设，提高中小河流及库区周边生态系统稳定性。

九、平原农区生态屏障

在广大平原农区，特别是粮食主产区，大力建设农田防护林，以保障粮食增产和改善农村生产生活环境为目标，将东北平原、黄淮海平原、华北平原等作为重点建设区域，加快建设农田林网，大力开展村屯绿化美化。

十、城市森林生态屏障

范围包括全国大中小城市和乡镇。以推动身边增绿，使广大城乡居民共享生态建设成果为目标，通过发展城市森林，构建远山、近郊和城区相连结，水网、路网和林网相融合，以森林为主体，城市和乡村一体化的生态系统。

第三节　森林资源投资与森林经营模式

一、森林资源投资及其特点

投资，一般指经营营利性事业时预先垫付的货币资金或实物资产。投资的方式是多种多样的，如新建工厂的投资称为新投资，扩大生产规模的投资称为再投资；按经营目的又可分为政策性投资与经济性投资，前者不以营利为目的，而后者则是直接地以牟取利润为目的；按投资在再生产过程中的作用可分为建设性投资、追加性投资和移向性投资；按投资所构成的企业资金的性质可分为固定资产投资和流动资金投资；按投资回收期的长短又可分为短期投资、中期投资和长期投资。

投资，在会计学上的定义是指为取得可持续使用一个会计期间以上的资产的支出，也有的学者把具有费用和收入，持续一个会计期间以上的项目称为投资。要进行生产，就必须有支出，也就是说离不开投资。森林资源的生产和利用也是这样，由于林业资源生产周期长或进行林业资源利用的资产寿命长等的原因，决定了大多数的森林资源投资都是长期投资。按投资对林业资源的影响和作用的不同，森林资源投资又可分为森林资源生产性投资和森林资源利用性投资。广义的森林资源投资应是包括其投资全部内容的以上两个方面。森林资源利用性投资是为提高森林资源经营企业利润，增加社会财富，提高森林资源利用效益和国民经济总体效益，面向林业资源的开发利用而进行的资金的预先投入，其最终目的是为了获得较好的经济效益。因而森林资源利用投资和其他社会生产投资一样，必须以经济收益，即利润最高为决策指标。由于森林资源的生产活动同其他社会生产活动具有明显的区别，致使森林资源的投资（仅指林业资源生产性投资，以下同）具有其独特的特点。

（1）森林资源的生产与再生产是与土地资源直接联系的。这一特点决定了森林资源投资的效果和经济效益受土地资源的规模和生产能力的限制，在较好立地条件下可以得到较高的收益费用比值。而相同投资条件的不同收获，可能不是由于经营管理水平的差异，而是由于立地条件的差异造成的，从而使得森林资源投资分析和评价较复杂。

（2）森林资源投资具有见效慢，收益低且投资风险大的特点。由于森林资源主体林木资源再生产周期较长，且初始投资大，直到林木成熟的整个生产过程中，中间产出很少，因而整个投资过程的资金积压时间长。再加上森林在整个生产过程中，可能受到各种自然灾害的侵袭，投资收益可能因为灾害而毁于一旦，因而风险较大。低收益高风险的特点使得林业资源投资竞争能力较弱。

（3）森林资源的投资具有直接收益低、间接效益大的特点。由此决定了在进行森林资源投资决策时，不能仅考虑直接的经济效益。同时，国家也必须根据社会的需要，对一些以提供间接效益为主要目的的服务性公益林业实行政策性投资。

二、森林的经营模式

森林经营模式对林业的发展具有重要的战略意义。各国林业专家都在不断地研究这个问题，各种森林经营模式在不断完善。现在，世界各国的国有林是实行多种形式的森林经营模式。

（一）森林经济、社会和生态三大效益一体化经营模式

这种模式被称为德国林业经营模式。第二次世界大战前，德国实行森林永续利用的经营模式，战后确定为林业与森林工业统一经营模式。20世纪60年代后期，德国国有林实行多功能森林经营；1975年正式开始实行经济效益、社会效益和生态效益一体化的经营模式，即保证森林的永久性、持续性和均匀性的利用效果，满足人民对木材和林产品的长远需求，永久保证森林对气候、水土、空气的保护效益及游憩；企业以最小的开支取得最大的经济效益；尽可能保证森林发挥最大的生态效益，以及通过改善森林结构确保其经济效益。这种林业经营模式曾被许多国家所青睐。

（二）森林多效益主导利用经营模式

所谓“森林多效益主导利用经营模式”，即以某一林种发挥某一效益为主，兼顾其他方面效益的经营模式。法国、新西兰、澳大利亚、前苏联、中国等林业经营皆属此模式。法国20世纪60年代国有林采取了森林多效益主导利用的经营思想，70年代开始由全面经营向三大模块经营模式转化，即向木材培育、公益森林和多功能森林转化。这种经营模式取得了良好效果。1980年以后，新西兰国有林经营向森林多效益主导利用经营方向转移，把国有林分为商业性林和非商业性林两种经营形式。澳大利亚80年代以来，已把77%的天然林划为生态环境效益为主的非生产林，而森林经济利用重点则转向人工林，进行分类经营。这是澳大利亚林业发展战略的一个重要转移。

中国和前苏联也属于这类林业经营模式。前苏联早在1918年就把森林划分为防护林和用材林两大类，1943年又划分为保护林、防护林和生产林三大类，对三大类森林采取分类经营。新中国成立后基本上采用前苏联森林经营模式，按森林功能划分为防护林、用材林、经济林、薪炭林和特种用林五大类，也是采取分类经营。

（三）森林多效益综合经营模式

这种模式的特点是，以森林永续利用理论为指导，充分发挥森林多种效益，实行综合经营，属于前两种经营模式的中间类型，瑞典、美国、日本、印度等国林业皆属此类型。瑞典林业经营的传统思想是森林永续生产，1975 年开始实行森林多效益的经营方针，即在发挥森林生态、社会效益的前提下，获取森林经济效益。日本进入 70 年代，国有林采取提高森林生产力，充分发挥森林生态效益和社会效益的经营方针，到 80 年代调整为森林多效益综合经营的模式。印度进入 80 年代，采取了一种“生态林业”战略，即森林经济效益要服从于森林生态效益，重点发展社会林业。实质上，它也是一种森林多效益综合经营的模式。

（四）世界林业经营模式发展趋势

到 21 世纪，尽管各国林业均采用可持续发展理论，但是由于各国国情、林情不同，受国家总发展战略所制约，不可能采用同一种经营模式，现在不行，将来也不行。现在世界各国实行的三大经营模式，到 21 世纪将在森林可持续发展理论的指导下继续发展和完善，仍将在很长一段时间内实行多种经营模式。但从全球来看，许多国家国有林有向森林多效益综合经营模式和森林多效益主导利用经营模式发展的趋势。

三、中国林业发展战略和经营模式的选择

我国领土面积广大，包括地球上所有气候带，地势多样，自然条件复杂，社会发育程度不一，经济条件也相差甚大。因此，在这样一个大国里，各地林业不可能，也不应该采用同样的发展战略和经营模式。片面地强调全国林业采用某一个统一的林业发展战略和经营模式或学习照搬某一个外国的林业经营模式是不符合实际的，也是行不通的。就全国

而言，我国林业应制定一个森林多效益综合经营发展战略和经营模式。各地区（片）林业应根据各自的特点，因地制宜，在全国林业总发展战略制约下，制定出适合本地区的森林多效益主导利用的林业发展战略和经营模式。

新中国成立后，很长一段时间我国基本上是学习前苏联的森林经营方式，即以森林多效益为指导思想，以永续利用为原则，进行分类经营。我国《森林法》把全国森林按照不同用途划分为五大类：防护林、用材林、经济林、薪炭林和特种用途林。长期以来，我国林业建设是实行以营林为基础，普遍护林，大力造林，采育结合，永续利用的方针。尽管我国林业取得了一些成绩，但这种林业经营思想和模式已远远落后于形势发展的需要。我国是一个少林国家，用材林森林资源急剧下降，水土流失严重，生态环境日趋恶化，必须制定一个森林多效益综合经营林业发展战略，即从单效益转向多效益的林业。21 世纪森林可持续发展理论将在林业生产中起主导作用，随之林业发展战略要转移，即发达国家林业将实行可持续发展战略，发展中国家也将向可持续发展战略转移，同时将不断完善乡村林业；林业经营模式将向多样化发展，即森林经济、社会和生态三大效益一体化经营、森林主导利用经营和森林多效益综合经营三大模式仍将并存，在森林可持续发展理论指导下，三大经营模式将不断完善和发展。

我国林业应根据国土辽阔，自然条件复杂，社会经济条件发育程度不一的特点，以国家发展战略为指导，制定一个以森林生态为基础，以森林持续发展为原则，森林多效益综合经营发展战略和经营模式。各地区在森林多效益综合经营发展战略的指导下，研制具有各自特点的森林多效益主导利用发展战略和经营模式，从而形成一个多种林业经营模式的具有中国特色的林业发展战略。

四、我国林业产品的发展途径

（一）低碳经济发展已经成为人类文明发展的必然

低碳经济（Low - Carbon Economy）一词最早正式提出是2003年英国能源白皮书《我们未来的能源：创建低碳经济》，是指在可持续发展理念的指导下，通过技术创新、制度创新、产业转型、新能源开发等多种手段，尽可能地减少煤炭、石油等高碳能源消耗，减少温室气体排放，达到经济社会发展与生态环境保护双赢的一种经济发展形态，是以低能耗、低污染、低排放为基础的经济模式，是人类社会继农业文明、工业文明之后的又一次重大进步，是国际社会应对人类大量消耗化学能源、大量排放二氧化碳和二氧化硫引起全球气候灾害性变化而提出的能源品种新概念，实质是解决提高能源利用效率和清洁能源结构问题，核心是能源技术创新和人类生存发展观念的根本性转变。发展低碳经济是一种经济发展模式的选择，它意味着能源结构的调整、产业结构的调整以及技术的革新，是中国走可持续发展道路的重要途径。

（二）森林是最重要的碳汇和碳源

森林是陆地生态系统的主体，森林在生长过程中，通过光合作用，可将排放到大气中的二氧化碳吸收后以生物量的形式固定下来，这就是森林的碳汇功能。研究表明，森林每生长1立方米木材，大约吸收1.83吨二氧化碳，放出1.62吨氧气。造林就是“固碳”，绿化等同于“减排”。1980—2005年，中国通过持续开展造林和森林经营、控制毁林，净吸收和减少碳排放累计森林食品产业区域发展推进策略研究51.1亿吨，年滞尘量50.01亿吨。仅2004年中国森林净吸收了约5亿吨二氧化碳当量，占同期全国温室气体排放总量的8%以上。中国林科院研究组依据我国第七次森林资源清查结果和森林生态监测结果评估，目前我国森林植被总碳储量高达78.11亿吨。森林生态系统年涵养水源量4947.66亿立方米，年固土量70.35亿吨，年保肥量3.64亿吨，年吸收大气污染物量0.32亿吨，年滞尘量50.01亿吨。仅固碳释氧、涵养水源、保育土壤、净化大气环境、积累营养物质及生物多样性等6项生态服务功能年价值达10.01万亿元人民币。发展林业可以提高绿色GDP比重。林业本身涵盖一、二、三产业。第一产业是林业产业，在创造财富的同时也是发展低碳经济；第二产业是环保材料制造加工业，其产品可替代不可再生资源，减少资源消耗及二氧化碳排放量；第三产业是绿色生态旅游及服务行业，在改善人民生活环境与质量的同时，同样创造价值。因此，从经济角度讲，发展林业就是提高绿色GDP比重，为社会创造财富。发展林业产业可以提供新兴绿色能源。森林是仅次于煤炭、石油、天然气的第四大战略性能源资源，具有可再生、可降解的特点，而且还有"不与人争粮、不与粮争地"，一次种植后可持续利用的优势，是大有希望的新兴绿色能源。发展林业产业可以助推经济协调效应。在应对气候变化，实施林业减缓措施时，不仅能够以较低成本达到减少排放和增加碳汇目的，而且这些减缓措施本身能与适应气候变化、推进经济社会可持续发展形成协同效应，带来诸如增加就业、增加收入、生物保护、流域保护、可再生能源和减贫等多种效益。总之，加快林业产业发展，对维护国家生态安全具有重要意义；是建设资源节约型、环境友好型社会的客观需要；是促进经济社会可持续发展，实现兴林富民的必然途径。

（三）人们对食品的生态性、营养性要求增强

经过30年的改革开放，我国经济社会实现了快速发展。到2009年城乡居民恩格尔系数分别从1990年的54.2%降低到37%，总体上已经进入小康居民消费阶段。"民以食为天，食以安为先"，马斯洛需要层次理论揭示，人们在生存需要得到满足后，安全的需要将会更加突出，对应着人们食品安全意识不断提高，对食品的生态性、安全性、营养性要求也愈发增强。森林食品可以向消费者提供的效用包含了两大功能因素：使用性能以及超越使用性能而与消费品相关的安全、生森林食品产业区域发展推进策略研究态、营养功能，森林食品的二元价值结构和超越基本价值的消费偏好特征，使消费者对食品的效用评价正从注重温饱逐步转变为越来越注重健康、营养、环境和文化的心理满足。

（四）森林食品产业发展符合林业经济发展方式转变

森林食品培育在提供果品、食物、油料等森林食品的同时，还具备净化空气、保持水土、涵养水源等生态功能。森林食品培育将林业的生态、经济、社会效益统一起来，是平衡长期与近期效益的重要途径，也是实现我国粮油安全、生态安全和长期稳定和谐发展的不断增强的必然需求，在国民经济发展中占有重要地位。另外，随着森林主体资源的逐渐衰减，林区将由采伐林木资源向培育保护森林资源转型，由单一型林业经济向复合型林区经济转型，从而实现森林资源的永续利用，于是，森林食品产业是最具有发展潜力的林区接续产业。

参 考 文 献

1. 郭保香．森林资源资产评估知识读本［M］．北京：中国林业出版社，2012.
2. 周经纬，张勇．林木资产价值评估方法探讨［J］．商业会计，2011（1）：66－67.
3. 赵凌泉等，防护林科学研究动态及发展趋势［J］．防护林科技，2000（2）：85－87.
4. 何腾发．森林资源管理［M］．北京：中国林业出版社，2007.
5. 李志斌．森林资源资产特点及评估存在问题和建议［J］．中国林业经济，2008（5）：12－14.
6. 陶宝山等．青海生态公益林林木资产评估研究［J］．林业资源管理，2005（4）：34－37.
7. 肖忠优，宋墩福．现代林业概论［M］．北京：科学出版社，2009.
8. 田治威，王富炜，张卫民．森林资源资产评估理论与方法［M］．北京：科学出版社，2011.
9. 罗江滨，陈平留，陈新兴．森林资源资产评估［M］，北京：中国林业出版社，2002.
10. 黄昌勇．土壤学．北京：中国农业出版社，2000.
11. 韩海荣．森林资源与环境导论．北京：中国林业出版社，2002.
12. 赵魁义．中国沼泽志［M］．北京：科学出版社，1999.
13. 王国强．沙漠化与沙产业．银川：宁夏人民出版社，2009.
14. 孟宪宇．测树学［M］．北京：中国林业出版社，2004.
15. 陈平留，刘健．森林资源资产评估运作技巧［M］．北京：中国林业出版社，2002.
16. 王淑珍．资产评估统计与预测［M］．北京：中国财政经济出版社，2001.

17. 亢新刚．森林资源经营管理［M］．北京：中国林业出社，2001.
18. 陈平留．森林资产评估［M］．成都：电子科技大学出版社，1996.
19. 于政中．森林经理学［M］．2 版．北京：中国林业出版社，1993.
20. 陈昌雄．天然针阔混交林立地质量的主要影响因子研究［J］．福建林学院学报．2003（4）：343－347.
21. 陈昌雄．闽北天然阔叶林各林层合理密度的研究［J］．中南林业调查规划，2002（4）：32－34.
22. 福建省森林资源管理总站．福建省森林资源规划设计调查技术规定，2006.
23. 林昌庚．林木蓄积量测算技术中的干形控制问题［J］．林业科学，1964（4）：365－375.
24. 白云庆，郝文康．测树学［M］．哈尔滨：东北林业大学出版社，1987.
25. 孟宪宇．林分材种出材量表编制理论和方法的研究［J］．河北林学院学报，1991（1）：35－47.
26. 陈平留，刘健．人工用材林资产评估的实践与探索［J］．林业资源管理．1995（特刊）：97－102.

附　录

中华人民共和国主要林木目录（第一批）

（2001 年 5 月 22 日国家林业局第二次局务会议通过，
2001 年 6 月 1 日公布，自公布之日起施行）

科		序号	中文名	学名
松科	Pinaceae	1	松树	Pinus spp.
		2	落叶松	Larix spp.
		3	金钱松	Pseudolarix amabilis（Lindl.） Gord
		4	雪松	Cedrus deodara（Roxb.） G. Don
		6	云杉	Picea spp.
		7	冷杉	Abies fabri（Mast.） Craib
杉科	Taxodiaceae	8	杉木	Cunninghamia lanceolata（Lamb.） Hook
		9	柳杉	Cryptomeria fortunei Hooibrenk ex otto
		10	水杉	Metaxequoia glyptostroboides Hu et Cheng
		11	池杉	Taxodium axcendens Brongn
		12	落羽杉	Taxodium distichum（L.） Rich
柏科	Cupressceae	13	侧柏	Platycladus orientalis（L.） Franco
		14	柏木	Cupyessus funebris Endl.
		15	福建柏	Fokienia hodginsii（dunn） Henry et Thomas
		16	桧柏	Sabina chinensis（L.） Ant
		17	刺柏	Juniperus formosana Hayata
		18	北美香柏	Thuja occidentalis L.
银杏科	Ginkgoaceae	19	银杏	Ginkgo biloba L.

续表

科		序号	中文名	学名
红豆杉科	Taxaceae	20	红豆杉	Taxus chinensis (Pilger) Rehd.
		21	北方红豆杉	Taxus cuspidate Sieb. et Zucc.
南洋杉科	Araucariaceae	22	南洋杉	Araucaria cunninghamia Sweet
罗汉松科	Podocarpaceae	23	罗汉松	Podocarpus macrophyllus (Thunb.) D. Don
苏铁科	Cycadaceae	24	苏铁	Cycas revolute Thunb.
木兰科	Magnoliaceae	25	厚朴	magnolia officinalis Rehd. et wils
		26	荷花玉兰	magnolia grandiflora L.
		27	鹅掌楸	Liriodendron spp.
蜡梅科	Calycanthaceae	28	蜡梅	Chimonanthus praecox (L.) Link
木麻黄科	Casuarinaceae	29	木麻黄	Casuarina spp.
樟科	Lauraceae	30	樟树	Cinnamomum camphora (L.) Presl.
		31	黄樟	Cinnamomum porrectum (Roxb.) Kosterm.
		32	肉桂	Cinnamomum cassia Presl.
蔷薇科	Rosaceae	33	苹果	Malus pumila Mill.
		34	梨	Pyrus spp.
		35	桃	Prunus persica (L.) Batsch
		36	杏	Prunus armeniaca L.
		37	梅	Prunus mume Sieb. et Zucc.
		38	樱桃	Prunus pseudoceraxus Lindl.
		39	李	Prunus salicina Lindl
		40	枇杷	Eriobotrya japonica (Thunb.) Lindl.
		41	海棠	Malus spectabilis (Ait.) Borkh.
		42	玫瑰	Rosa rugosa Thunb.
		43	月季	Rosa chinsis Jacq.
		44	山楂	Crataegus pinnatifida Bge.
		45	花楸	Sorbus pohuashanensis (Hance) Hedl

续表

科		序号	中文名	学名
含羞草科	Mimosaceae	46	合欢	Albizia julibrissin Durrazz.
		47	台湾相思	Acacia richii A. Gray
蝶形花科	Fabaceae	48	槐树	Sophora japonica L.
		49	刺槐	Robinia pseudoacacia L.
		50	紫穗槐	Amorpha fruticosa L.
		51	柠条	Caragana microphylla Lam.
		52	毛条	Caragana korshinskii Kom
		53	花棒	Hedysarum scoparium Fisch et Mey
		54	踏郎	Hedysarum leave Maxim
山茱萸科	Cornaceae	55	光皮树	Cornus wilsoniana Wanger.
		56	山茱萸	Macrocarpium officinale （ Sieb. et Zucc. ） Nakai
金缕梅科	Hamamelidaceae	57	枫香树	Liquidambar formosana Hance
大戟科	Euphorbiaceae	58	油桐	Vernicia spp.
		59	乌桕	Sapium sebiferum Roxb.
悬铃木科	Platanaceae	60	悬铃木	Platanus spp.
黄杨科	Buxaceae	61	黄杨	Buxus spp.
杨柳科	Salicaceae	62	杨树	Populus spp.
		63	柳树	Salix spp.
杨梅科	Myrcaceae	64	杨梅	Myrica rubra Sieb. et Zucc.
桦木科	Betulaceae	65	赤杨	Alnus japonia（Thunb.）Stued.
		66	桤木	Alnus cremastogyne Burkill.
		67	红桦	Betula albo – sinensis Burk.
		68	白桦	Betula platyphylla Suk.
		69	光皮桦	Betula luminifera H. Winkl.

续表

科		序号	中文名	学名
榛科	Corylaceae	70	毛榛	Corylus heterophylla Fisch.
		71	榛子	Corylus mandshurica Maxim. et Rupr.
壳斗科	Fagaceae	72	板栗	Castanea mollissima Bl.
		73	栎树	Quercus spp.
		74	栲树	Castanopsis spp.
胡桃科	Juglandaceae	75	核桃	Juglans regia L.
		76	核桃楸	Juglans mandshurica Maxim.
		77	黑核桃	Juglans nigra L.
		78	山核桃	Carya cathayensis Sarg.
		79	薄壳山核桃	Carya illinoensis K. Koch
榆科	Ulmaceae	80	榆树	Ulmus spp.
		81	榉树	Zelkova spp.
桑科	Moraceae	82	木波罗	Artocarpus heterophyllus Lam.
		83	榕树	Ficus microcarpa L. f.
杜仲科	Eucommiaceae	84	杜仲	Eucommia ulmoides Oliv.
柽柳科	Tamaricaceae	85	柽柳	Tamarix chinensis Lour.
八角科	Illiciaceae	86	八角	Illicium verum Hook. f.
椴树科	Tiliaceae	87	紫椴	Tilia amurensis Rupr.
杜英科	Elaeocarpaceae	88	杜英	Elaeocarpus sylvestris（Lour.）Pour.
山茶科	Theaceae	89	山茶	Camellia japonica L.
		90	油茶	Camellia oleifera Abel.
		91	木荷	Schima superba Gardn. et champ.
猕猴桃科	Actinidiaceae	92	猕猴桃	Actinidia chinensis Planch.
杜鹃花科	Ericaceae	93	杜鹃	Rhododendron spp.

续表

科		序号	中文名	学名
桃金娘科	Myrtaceae	94	桉树	Eucalyptus spp.
石榴科	Punicaceae	95	石榴	Punica granatum L.
冬青科	Aquifoliaceae	96	冬青	Ilex spp.
胡颓子科	Elaeagnaceae	97	沙枣	Elaeagnus angustifolia L.
		98	沙棘	Hippophae rhamnoides L. Subsp.
鼠李科	Rhamnaceae	99	枣树	Zizyphus jujuba（L.） Meikle.
葡萄科	Vitaceae	100	葡萄	Vitis vinifera Rupr.
紫薇科	Bibgnoniaceae	101	楸树	Catalpa bungei C. A. Mey.
玄参科	Scrophulariaceae	102	泡桐	Paulownia spp.
楝科	Meliaceae	103	楝树	Melia spp.
		104	麻楝	Chukrasia tabularis A. Juss.
		105	香椿	Toona sinensis（A. Juss.） Roem.
芸香科	Rutaceae	106	黄波罗	Phellodendron amurense Rupr.
		107	桔	Citrus reticulata Blanco.
		108	橙	Citrus sinensis（L.） Osbeck.
		109	柚	Cirtrs grandis（L.） Osbeck
		110	花椒	Zanthoxylum bungeanum Maxim.
无患子科	Sapindaceae	111	荔枝	Litchi chinensis Sonn.
		112	龙眼	Dimocarpus longan Lour.
槭树科	Aceraceae	113	槭树	Acer spp.
柿树科	Ebenaceae	114	柿树	Diospyros kaki L.
木科	Oleaceae	115	水曲柳	Fraxinus mandshurica Rupr.
		116	白蜡	Fraxinus spp.
		117	桂花	Osmanthus fragrans Lour.
		118	丁香	Syringa spp.
		119	油橄榄	Olea europaea L.

续表

科		序号	中文名	学名
漆树科	Anacardiaceae	120	漆树	Rhus verniciflua (Stokes) F. A. Barkl.
		121	腰果	Anacardium occidentale L.
棕榈科	Palmae	122	棕榈	Trachycarpus fortunei Wendl.
		123	椰子	Cocos nucifera L.
		124	槟榔	Areca catechu L.
		125	蒲葵	Livistona chinensis (jacq.) R. Br.
禾本科	Gramineae	126	竹类	Bambusoideae
茄科	Solanaceae	127	枸杞	Lycium chinensis Mill.
		128	宁夏枸杞	Lycium barbarum L.
毛茛科	Ranunculaceae	129	牡丹	Paeonia suffruticosa Andr.

中华人民共和国植物新品种保护名录（第一批）

（国家林业局令第2号　1999年4月22日）

序号	种或者属名	学名
1	毛白杨	PopulustomentosaCarr.
2	泡桐属	Paulownia
3	杉木	CunninghamiaLanceolata
4	木兰属	Magnolia
5	牡丹	PaeoniasuffruticosaAndr.
6	梅	Prunusmume
7	蔷薇属	Rosa
8	山茶属	Camellia

中华人民共和国植物新品种保护名录（第二批）

（国家林业局令第5号　2000年2月2日）

序号	种或者属名	学名
1	杨属	Populus
2	柳属	Salix
3	桉属	EucalyPtus
4	板栗	Castanea mollissima
5	核桃属	Juglance
6	枣	Zizyphus jujuba
7	柿	Diospyros kaki
8	杏	Prunus armeniaca
9	银杏	Ginkgo biloba
10	油桐属	Vernicia
11	红豆杉属	Taxus
12	杜鹃花属	Rhododendron
13	桃花	Prunus persica
14	紫薇	Lagerstroemia indica
15	榆叶梅	Prunus triloba......

中华人民共和国植物新品种保护名录（第三批）

（国家林业局令第6号　2002年10月15日）

序号	中文名称	学名
1	松属	Pinus Linn.
2	云杉属	Picea Dietr.
3	落羽杉属	Taxodium Rich.
4	圆柏属	Sabina Mill.
5	鹅掌楸属	Liriodendron Linn.
6	木瓜属	Chaenomeles Lindl.
7	金合欢属	Acacia Willd.
8	槐属	Sophora Linn.
9	刺槐属	Robinia Linn.
10	丁香属	Syringa Linn.
11	连翘属	Forsythia Vahl
12	黄杨属	Buxus Linn.
13	大戟属	Euphorbia Linn.
14	槭属	Acer Linn.
15	沙棘属	Hippophae Linn.
16	臭椿属	Ailanthus Desf.
17	簕竹属	Bambusa Retz. corr. Schreber
18	箬竹属	Indocalamus Naka
19	刚竹属	Phyllostachys Sieb. et Zucc.
20	省藤属	Calamus Linn.
21	黄藤属	Daemonorops Blume

中华人民共和国植物新品种保护名录（第四批）

（国家林业局令第12号　2004年10月14日）

序号	中文名	拉丁名
1	苏铁属	Cycas Linn.
2	崖柏属	Thuja Linn.
3	罗汉松属	Podocarpus L'Her. ex Pers.
4	桦木属	Betula Linn.
5	榛属	Corylus Linn.
6	栲属	Castanopsis Spach
7	榆属	Ulmus Linn.
8	榉属	Zelkova Spach
9	桑属	Morus Linn.
10	榕属	Ficus Linn.
11	芍药属	Paeonia Linn.
12	木莲属	Manglietia Blume
13	含笑属	Michelia Linn.
14	拟单性木兰属	Parakmeria Hu et Cheng
15	樟属	Cinnamomum Trew
16	润楠属	Machilus Nees
17	继木属	Loropetalum R. Br.
18	紫檀属	Pterocarpus Jacq.
19	花椒属	Zanthoxylum Linn.
20	黄皮属	Clausena Burm. f.
21	黄栌属	Cotinus Mill.

续表

序号	中文名	拉丁名
22	卫矛属	Euonymus Linn.
23	栾树属	Koelreuteria Laxm.
24	蛇葡萄属	Ampelopsis Michx.
25	爬山虎属	Parthenocissus Pl.
26	石榴属	Punica Linn.
27	常春藤属	Hedera Linn.
28	紫金牛属	Ardisia Sw.
29	白蜡树属	Fraxinus Linn.
30	枸杞属	Lycium Linn.
31	梓树属	Catalpa Linn.
32	忍冬属	Lonicera Linn.

国家重点保护野生植物名录（第一批）

（国务院 1999 年 8 月 4 日批准）

中文名	学名	保护级别	
		Ⅰ级	Ⅱ级
蕨类植物		Pteridophytes	
观音座莲科	Angiopteridaceae		
法斗观音座莲	Angiopteris sparsisora		Ⅱ
二回原始观音座莲	Archangiopteris bipinnata		Ⅱ
亨利原始观音座莲	Archangiopteris henryi		Ⅱ
铁角蕨科	Aspleniaceae		

续表

中文名	学名	保护级别	
		Ⅰ级	Ⅱ级
对开蕨	Phyllitis japonica		Ⅱ
蹄盖蕨科	Athyriaceae		
光叶蕨	Cystoathyrium chinense	Ⅰ	
乌毛蕨科	Blechnaceae		
苏铁蕨	Brainea insignis		Ⅱ
天星蕨科	Christenseniaceae		
天星蕨	Christensenia assamica		Ⅱ
桫椤科（所有种）	Cyatheaceae spp.		Ⅱ
蚌壳蕨科（所有种）	Dicksoniaceae spp.		Ⅱ
鳞毛蕨科	Dryopteridaceae		
单叶贯众	Cyrtomium hemionitis		Ⅱ
玉龙蕨	Sorolepidium glaciale	Ⅰ	
七指蕨科	Helminthostachyaceae		
水韭科	Isoetaceae		
水韭属（所有种）*	Isoetes spp.		
水蕨科	Parkeriaceae		
水蕨属（所有种）*	Ceratopteris spp.		Ⅱ
鹿角蕨科	Platyceriaceae		
鹿角蕨	Platycerium wallichii		Ⅱ
水龙骨科	Polypodiaceae		
扇蕨	Neocheiropteris Palmatopedata		Ⅱ
中国蕨科	Sinopteridaceae		
中国蕨	Sinopteris grevilleoides		Ⅱ

续表

中文名	学名	保护级别	
		Ⅰ级	Ⅱ级
裸子植物		Gymnospermae	
鳞毛蕨科	Dryopteridaceae		
三尖杉科	Cephalotaxaceae		
贡山三尖杉	Cephalotaxus lanceolata		Ⅱ
蓖子三尖杉	Cephalotaxus oliveri		Ⅱ
柏科	Cupressaceae		
翠柏	Calocedrus macrolepis		Ⅱ
红桧	Chamaecyparis formosensis		Ⅱ
岷江柏木	Cupressus chengiana		Ⅱ
巨柏	Cupressus gigantea	Ⅰ	
福建柏	Fokienia hodginsii		Ⅱ
朝鲜崖柏	Thuja koraiensis		Ⅱ
苏铁科	Cycadaceae		
苏铁属（所有种）	Cycas spp.	Ⅰ	
银杏科	Ginkgoaceae		
银杏	Ginkgo biloba	Ⅰ	
松科	Pinaceae		
百山祖冷杉	Abies beshanzuensis	Ⅰ	
秦岭冷杉	Abies chensiensis		Ⅱ
梵净山冷杉	Abies fanjingshanensis	Ⅰ	
元宝山冷杉	Abies yuanbaoshanensis	Ⅰ	
资源冷杉（大院冷杉）	Abies ziyuanensis	Ⅰ	
银杉	Cathaya argyrophylla	Ⅰ	

续表

中文名	学名	保护级别	
		Ⅰ级	Ⅱ级
台湾油杉	Keteleeria davidiana var. formosana		Ⅱ
海南油杉	Keteleeria hainanensis		Ⅱ
柔毛油杉	Keteleeria pubescens		Ⅱ
太白红杉	Larix chinensis		Ⅱ
四川红杉	Larix mastersiana		Ⅱ
油麦吊云杉	Picea brachytyla var. complanata		Ⅱ
大果青扦	Picea neoveitchii		Ⅱ
兴凯赤松	Pinus densiflora var. ussuriensis		Ⅱ
大别山五针松	Pinus fenzeliana var. dabeshanensis		Ⅱ
红松	Pinus koraiensis		Ⅱ
华南五针松（广东松）	Pinus kwangtungensis		Ⅱ
巧家五针松	Pinus squamata	Ⅰ	
长白松	Pinus sylvestris var. lvestriformis	Ⅰ	
毛枝五针松	Pinus wangii		Ⅱ
金钱松	Pseudolarix amabilis		Ⅱ
黄杉属（所有种）	Pseudotsuga spp.		Ⅱ
红豆杉科	Taxaceae		
台湾穗花杉	Amentotaxus formosana	Ⅰ	
云南穗花杉	Amentotaxus yunnanensis	Ⅰ	
白豆杉	Pseudotaxus chienii		Ⅱ
红豆杉属（所有种）	Taxus spp.	Ⅰ	
榧属（所有种）	Torreya spp.		Ⅱ
杉科	Taxodiaceae		

续表

中文名	学名	保护级别	
		Ⅰ级	Ⅱ级
水松	Glyptostrobus pensilis	Ⅰ	
水杉	Metasequoia glyptostroboides	Ⅰ	
台湾杉（秃杉）	Taiwania cryptomerioides		Ⅱ
被子植物		Angiospermae	
芒苞草科	Acanthochlamydaceae		
芒苞草	Acanthochlamys bracteata		Ⅱ
槭树科	Aceraceae		
梓叶槭	Acer catalpifolium		Ⅱ
羊角槭	Acer yangjuechi		Ⅱ
云南金钱槭	Dipteronia dyerana		Ⅱ
泽泻科	Alismataceae		
长喙毛茛泽泻*	Ranalisma rostratum	Ⅰ	
浮叶慈菇*	Sagittaria natans		Ⅱ
夹竹桃科	Apocynaceae		
富宁藤	Parepigynum funingense		Ⅱ
蛇根木	Rauvolfia serpentina		Ⅱ
萝藦科	Asclepiadaceae		
驼峰藤	Merrillanthus hainanensis		Ⅱ
桦木科	Betulaceae		
盐桦	Betula halophila		Ⅱ
金平桦	Betula jinpingensis		Ⅱ
普陀鹅耳枥	Carpinus putoensis	Ⅰ	
天台鹅耳枥	Carpinus tientaiensis		Ⅱ

续表

中文名	学名	保护级别	
		Ⅰ级	Ⅱ级
天目铁木	Ostrya rehderiana	Ⅰ	
伯乐树科	Bretschneideraceae		
伯乐树（钟萼木）	Bretschneidera sinensis	Ⅰ	
花蔺科	Butomaceae		
拟花蔺*	Butomopsis latifolia		Ⅱ
忍冬科	Caprifoliaceae		
七子花	Heptacodium miconioides		Ⅱ
石竹科	Caryophyllaceae		
金铁锁	Psammosilene tunicoides		Ⅱ
卫矛科	Celastraceae		
膝柄木	Bhesa sinensis	Ⅰ	
十齿花	Dipentodon sinicus		Ⅱ
永瓣藤	Monimopetalum chinense		Ⅱ
连香树科	Cercidiphyllaceae		
连香树	Cercidiphyllum japonicum		Ⅱ
使君子科	Combretaceae		
萼翅藤	Calycopteris floribunda	Ⅰ	
千果榄仁	Terminalia myriocarpa		Ⅱ
菊科	Compositae		
画笔菊*	Ajaniopsis penicilliformis		Ⅱ
革苞菊*	Tugarinovia mongolica	Ⅰ	
四数木科	Datiscaceae		
四数木	Tetrameles nudiflora		Ⅱ

续表

中文名	学名	保护级别	
		Ⅰ级	Ⅱ级
龙脑香科	Dipterocarpaceae		
东京龙脑香	Dipterocarpus retusus	Ⅰ	
狭叶坡垒	Hopea chinensis	Ⅰ	
无翼坡垒（铁凌）	Hopea exalata		Ⅱ
坡垒	Hopea hainanensis	Ⅰ	
多毛坡垒	Hopea mollissima	Ⅰ	
望天树	Parashorea chinensis	Ⅰ	
广西青梅	Vatica guangxiensis		Ⅱ
青皮（青梅）	Vatica mangachapoi		Ⅱ
茅膏菜科	Droseraceae		
貉藻*	Aldrovanda vesiculosa	Ⅰ	
胡颓子科	Elaeagnaceae		
翅果油树	Elaeagnus mollis		Ⅱ
大戟科	Euphorbiaceae		
东京桐	Deutzianthus tonkinensis		Ⅱ
壳斗科	Fagaceae		
华南锥	Castanopsis concinna		Ⅱ
台湾水青冈	Fagus hayatae		Ⅱ
三棱栎	Formanodendron doichangensis		Ⅱ
瓣鳞花科	Frankeniaceae		
瓣鳞花*	Frankenia pulverulenta		Ⅱ
龙胆科	Gentianaceae		
辐花*	Lomatogoniopsis alpina		Ⅱ

续表

中文名	学名	保护级别	
		Ⅰ级	Ⅱ级
苦苣苔科	Gesneriaceae		
瑶山苣苔	Dayaoshania cotinifolia	Ⅰ	
单座苣苔	Metabriggsia ovalifolia	Ⅰ	
秦岭石蝴蝶	Petrocosmea qinlingensis		Ⅱ
报春苣苔	Primulina tabacum	Ⅰ	
辐花苣苔	Thamnocharis esquirolii	Ⅰ	
禾本科	Gramineae		
酸竹	Acidosasa chinensis		Ⅱ
沙芦草*	Agropyron mongolicum		Ⅱ
异颖草*	Anisachne gracilis		Ⅱ
短芒披碱草*	Elymus breviaristatus		Ⅱ
无芒披碱草*	Elymus submuticus		Ⅱ
毛披碱草*	Elymus villifer		Ⅱ
内蒙古大麦*	Hordeum innermongolicum		Ⅱ
药用野生稻*	Oryza officinalis		Ⅱ
普通野生稻*	Oryza rufipogon		Ⅱ
四川狼尾草*	Pennisetum sichuanense		Ⅱ
三棱栎	Formanodendron doichangensis		Ⅱ
瓣鳞花科	Frankeniaceae		
瓣鳞花*	Frankenia pulverulenta		Ⅱ
龙胆科	Gentianaceae		
辐花*	Lomatogoniopsis alpina		Ⅱ
苦苣苔科	Gesneriaceae		

续表

中文名	学名	保护级别	
		Ⅰ级	Ⅱ级
瑶山苣苔	Dayaoshania cotinifolia	Ⅰ	
单座苣苔	Metabriggsia ovalifolia	Ⅰ	
秦岭石蝴蝶	Petrocosmea qinlingensis		Ⅱ
报春苣苔	Primulina tabacum	Ⅰ	
辐花苣苔	Thamnocharis esquirolii	Ⅰ	
禾本科	Gramineae		
酸竹	Acidosasa chinensis		Ⅱ
沙芦草*	Agropyron mongolicum		Ⅱ
异颖草*	Anisachne gracilis		Ⅱ
短芒披碱草*	Elymus breviaristatus		Ⅱ
无芒披碱草*	Elymus submuticus		Ⅱ
毛披碱草*	Elymus villifer		Ⅱ
内蒙古大麦*	Hordeum innermongolicum		Ⅱ
药用野生稻*	Oryza officinalis		Ⅱ
普通野生稻*	Oryza rufipogon		Ⅱ
四川狼尾草*	Pennisetum sichuanense		Ⅱ
华山新麦草*	Psathyrostachys huashanica	Ⅰ	
三蕊草*	Sinochasea trigyna		Ⅱ
拟高粱*	Sorghum propinquum		Ⅱ
箭叶大油芒*	Spodiopogon sagittifolius		Ⅱ
中华结缕草*	Zoysia sinica		Ⅱ
小二仙草科	Haloragidaceae		
乌苏里狐尾藻*	Myriophyllum ussuriense		Ⅱ

续表

中文名	学名	保护级别	
		Ⅰ级	Ⅱ级
金缕梅科	Hamamelidaceae		
山铜材	Chunia bucklandioides		Ⅱ
长柄双花木	Disanthus cercidifolius var. longipes		Ⅱ
半枫荷	Semiliquidambar cathayensis		Ⅱ
银缕梅	Shaniodendron subaequalum	Ⅰ	
四药门花	Tetrathyrium subcordatum		Ⅱ
水鳖科	Hydrocharitaceae		
水菜花*	Ottelia cordata		Ⅱ
唇形科	Labiatae		
子宫草	Skapanthus oreophilus		Ⅱ
樟科	Lauraceae		
油丹	Alseodaphne hainanensis		Ⅱ
樟树（香樟）	Cinnamomum camphora		Ⅱ
普陀樟	Cinnamomum japonicum		Ⅱ
油樟	Cinnamomum longepaniculatum		Ⅱ
卵叶桂	Cinnamomum rigidissimum		Ⅱ
润楠	Machilus nanmu		Ⅱ
舟山新木姜子	Neolitsea sericea		Ⅱ
闽楠	Phoebe bournei		Ⅱ
浙江楠	Phoebe chekiangensis		Ⅱ
楠木	Phoebe zhennan		Ⅱ
豆科	Leguminosae		
线苞两型豆*	Amphicarpaea linearis		Ⅱ

续表

中文名	学名	保护级别	
		Ⅰ级	Ⅱ级
黑黄檀（版纳黑檀）	Dalbergia fusca		Ⅱ
降香（降香檀）	Dalbergia odorifera		Ⅱ
格木	Erythrophleum fordii		Ⅱ
山豆根（胡豆莲）	Euchresta japonica		Ⅱ
绒毛皂荚	Gleditsia japonica var. velutina		Ⅱ
野大豆*	Glycine soja		Ⅱ
烟豆*	Glycine tabacina		Ⅱ
短绒野大豆*	Glycine tomentella		Ⅱ
花榈木（花梨木）	Ormosia henryi		Ⅱ
红豆树	Ormosia hosiei		Ⅱ
缘毛红豆	Ormosia howii		Ⅱ
紫檀（青龙木）	Pterocarpus indicus		Ⅱ
油楠（蚌壳树）	Sindora glabra		Ⅱ
任豆（任木）	Zenia insignis		Ⅱ
狸藻科	Lentibulariaceae		
盾鳞狸藻*	Utricularia punctata		Ⅱ
木兰科	Magnoliaceae		
长蕊木兰	Alcimandra cathcardii	Ⅰ	
地枫皮	Illicium difengpi		Ⅱ
单性木兰	Kmeria septentrionalis	Ⅰ	
鹅掌楸	Liriodendron chinense		Ⅱ
大叶木兰	Magnolia henryi		Ⅱ
馨香玉兰	Magnolia odoratissima		Ⅱ

续表

中文名	学名	保护级别	
		Ⅰ级	Ⅱ级
厚朴	Magnolia officinalis		Ⅱ
凹叶厚朴	Magnolia officinalis subsp. biloba		Ⅱ
长喙厚朴	Magnolia rostrata		Ⅱ
圆叶玉兰	Magnolia sinensis		Ⅱ
西康玉兰	Magnolia wilsonii		Ⅱ
宝华玉兰	Magnolia zenii		Ⅱ
香木莲	Manglietia aromatica		Ⅱ
落叶木莲	Manglietia decidua	Ⅰ	
大果木莲	Manglietia grandis		Ⅱ
毛果木莲	Manglietia hebecarpa		Ⅱ
大叶木莲	Manglietia megaphylla		Ⅱ
厚叶木莲	Manglietia pachyphylla		Ⅱ
华盖木	Manglietiastrum sinicum	Ⅰ	
石碌含笑	Michelia shiluensis		Ⅱ
峨眉含笑	Michelia wilsonii		Ⅱ
峨眉拟单性木兰	Parakmeria omeiensis	Ⅰ	
云南拟单性木兰	Parakmeria yunnanensis		Ⅱ
合果木	Paramichelia baillonii		Ⅱ
水青树	Tetracentron sinense		Ⅱ
楝科	Meliaceae		
粗枝崖摩	Amoora dasyclada		Ⅱ
红椿	Toona ciliata		Ⅱ
毛红椿	Toona ciliata var. pubescens		Ⅱ

续表

中文名	学名	保护级别	
		Ⅰ级	Ⅱ级
防己科	Menispermaceae		
藤枣	Eleutharrhena macrocarpa	Ⅰ	
肉豆蔻科	Myristicaceae		
海南风吹楠	Horsfieldia hainanensis		Ⅱ
滇南风吹楠	Horsfieldia tetratepala		Ⅱ
云南肉豆蔻	Myristica yunnanensis		Ⅱ
茨藻科	Najadaceae		
高雄茨藻*	Najas browniana		Ⅱ
拟纤维茨藻*	Najas pseudogracillima		Ⅱ
睡莲科	Nymphaeaceae		
莼菜*	Brasenia schreberi	Ⅰ	
莲*	Nelumbo nucifera		Ⅱ
贵州萍逢草*	Nuphar bornetii		Ⅱ
雪白睡莲*	Nymphaea candida		Ⅱ
蓝果树科	Nyssaceae		
喜树（旱莲木）	Camptotheca acuminata		Ⅱ
珙桐	Davidia involucrata	Ⅰ	
光叶珙桐	Davidia involucrata var. vilmoriniana	Ⅰ	
云南蓝果树	Nyssa yunnanensis	Ⅰ	
金莲木科	Ochnaceae		
合柱金莲木	Sinia rhodoleuca	Ⅰ	
铁青树科	Olacaceae		
蒜头果	Malania oleifera		Ⅱ

续表

中文名	学名	保护级别	
		Ⅰ级	Ⅱ级
木犀科	Oleaceae		
水曲柳	Fraxinus mandshurica		Ⅱ
棕榈科	Palmae		
董棕	Caryota urens		Ⅱ
小钩叶藤	Plectocomia microstachys		Ⅱ
龙棕	Trachycarpus nana		Ⅱ
罂粟科	Papaveraceae		
红花绿绒蒿*	Meconopsis punicea		Ⅱ
斜翼科	Plagiopteraceae		
斜翼	Plagiopteron suaveolens		Ⅱ
川苔草科	Podostemaceae		
川藻（石蔓）*	Terniopsis sessilis		Ⅱ
蓼科	Polygonaceae		
金荞麦*	Fagopyrum dibotrys		Ⅱ
报春花科	Primulaceae		
羽叶点地梅*	Pomatosace filicula		Ⅱ
毛茛科	Ranunculaceae		
粉背叶人字果	Dichocarpum hypoglaucum		Ⅱ
独叶草	Kingdonia uniflora	Ⅰ	
马尾树科	Rhoipteleaceae		
马尾树	Rhoiptelea chiliantha		Ⅱ
茜草科	Rubiaceae		
绣球茜	Dunnia sinensis		Ⅱ

续表

中文名	学名	保护级别	
		Ⅰ级	Ⅱ级
香果树	Emmenopterys henryi		Ⅱ
异形玉叶金花	Mussaenda anomala	Ⅰ	
丁茜	Trailliaedoxa gracilis		Ⅱ
芸香科	Rutaceae		
黄檗（黄菠椤）	Phellodendron amurense		Ⅱ
川黄檗（黄皮树）	Phellodendron chinense		Ⅱ
杨柳科	Salicaceae		
钻天柳	Chosenia arbutifolia		Ⅱ
无患子科	Sapindaceae		
伞花木	Eurycorymbus cavaleriei		Ⅱ
掌叶木	Handeliodendron bodinieri	Ⅰ	
山榄科	Sapotaceae		
海南紫荆木	Madhuca hainanensis		Ⅱ
紫荆木	Madhuca pasquieri		Ⅱ
虎耳草科	Saxifragaceae		
黄山梅	Kirengeshoma palmata		Ⅱ
蛛网萼	Platycrater arguta		Ⅱ
冰沼草科	Scheuchzeriaceae		
冰沼草*	Scheuchzeria palustris		Ⅱ
玄参科	Scrophulariaceae		
胡黄连*	Neopicrorhiza scrophulariiflora		Ⅱ
呆白菜（崖白菜）	Triaenophora rupestris		Ⅱ
茄科	Solanaceae		

续表

中文名	学名	保护级别	
		Ⅰ级	Ⅱ级
山莨菪*	Anisodus tanguticus		Ⅱ
黑三棱科	Sparganiaceae		
北方黑三棱*	Sparganium hyperboreum		Ⅱ
梧桐科	Sterculiaceae		
广西火桐	Erythropsis kwangsiensis		Ⅱ
丹霞梧桐	Firmiana danxiaensis		Ⅱ
海南梧桐	Firmiana hainanensis		Ⅱ
蝴蝶树	Heritiera parvifolia		Ⅱ
平当树	Paradombeya sinensis		Ⅱ
景东翅子树	Pterospermum kingtungense		Ⅱ
勐仑翅子树	Pterospermum menglunense		Ⅱ
安息香科	Styracaceae		
长果安息香	Changiostyrax dolichocarpa		Ⅱ
秤锤树	Sinojackia xylocarpa		Ⅱ
瑞香科	Thymelaeaceae		
土沉香	Aquilaria sinensis		Ⅱ
椴树科	Tiliaceae		
柄翅果	Burretiodendron esquirolii		Ⅱ
蚬木	Burretiodendron hsienmu		Ⅱ
滇桐	Craigia yunnanensis		Ⅱ
海南椴	Hainania trichosperma		Ⅱ
紫椴	Tilia amurensis		Ⅱ
菱科	Trapaceae		

续表

中文名	学名	保护级别	
		Ⅰ级	Ⅱ级
野菱*	Trapa incisa		Ⅱ
榆科	Ulmaceae		
长序榆	Ulmus elongata		Ⅱ
榉树	Zelkova schneideriana		Ⅱ
伞形科	Umbelliferae		
珊瑚菜（北沙参）*	Glehnia littoralis		Ⅱ
马鞭草科	Verbenaceae		
海南石梓（苦梓）	Gmelina hainanensis		Ⅱ
姜科	Zingiberaceae		
茴香砂仁	Etlingera yunnanense		Ⅱ
拟豆蔻	Paramomum petaloideum		Ⅱ
长果姜	Siliquamomum tonkinense		Ⅱ
蓝藻		Cyonophyta	
念珠藻科	Nostocaceae		
发菜	Nostoc flagelliforme	Ⅰ	
真菌		Eumycophyta	
麦角菌科	Clavicipitaceae		
虫草（冬虫夏草）*	Cordyceps sinensis	Ⅱ	
口蘑科（白蘑科）	Tricholomataceae		
松口蘑（松茸）	Tricholoma matsutake	Ⅱ	

注：标“*”者由农业行政主管部门或渔业行政主管部门主管；未标“*”者由林业行政主管部门主管。

国家重点保护野生动物名录

（1988 年 12 月 10 日国务院批准
1989 年 1 月 14 日林业部、农业部发布施行）

中名	学名	保护级别	
		Ⅰ级	Ⅱ级
兽纲　MAMMALIA			
灵长目	PRIMATES		
懒猴科	Lorisidae		
蜂猴（所有种）	Nycticebus spp.	Ⅰ	
猴科	Cercopithecidae		
短尾猴	Macaca arctoides		Ⅱ
熊猴	Macaca assamensis	Ⅰ	
台湾猴	Macaca cyclopis	Ⅰ	
猕猴	Macaca mulatta		Ⅱ
豚尾猴	Macaca nemestrina	Ⅰ	
藏酋猴	Macaca thibetana		Ⅱ
叶猴（所有种）	Presbytis spp.	Ⅰ	
金丝猴（所有种）	Rhinopithecus spp.	Ⅰ	
猩猩科	Pongidae		
长臂猿（所有种）	Hylobates spp.	Ⅰ	
鳞甲目	PHOLIDOTA		
鲮鲤科	Manidae		
穿山甲	Manis pentadactyla		Ⅱ

续表

中名	学名	保护级别	
		Ⅰ级	Ⅱ级
食肉目	CARNIVORA		
犬科	Canidae		
豺	Cuon alpinus		Ⅱ
熊科	Ursidae		
黑熊	Selenarctos thibetanus		Ⅱ
棕熊	Ursus arctos		Ⅱ
（包括马熊）	(U. a. pruinosus)		
马来熊	Helarctos malayanus	Ⅰ	
浣熊科	Procyonidae		
小熊猫	Ailurus fulgens		Ⅱ
大熊猫科	Ailuropodidae		
大熊猫	Ailuropoda melanoleuca	Ⅰ	
鼬科	Mustelidae		
石貂	Martes foina		Ⅱ
紫貂	Martes zibellina	Ⅰ	
黄喉貂	Martes flavigula		Ⅱ
貂熊	Gulo gulo	Ⅰ	
＊水獭（所有种）	Lutra spp.		Ⅱ
＊小爪水獭	Aonyx cinerea		Ⅱ
灵猫科	Viverridae		
斑林狸	Prionodon pardicolor		Ⅱ
大灵猫	Viverra zibetha		Ⅱ
小灵猫	Viverricula indica		Ⅱ

续表

中名	学名	保护级别	
		Ⅰ级	Ⅱ级
熊狸	Arctictis binturong	Ⅰ	
猫科	Felidae		
草原斑猫	Felis lybica（=silvestris）		Ⅱ
荒漠猫	Felis bieti		Ⅱ
丛林猫	Felis chaus		Ⅱ
猞猁	Felis lynx		Ⅱ
兔狲	Felis manul		Ⅱ
金猫	Felis temmincki		Ⅱ
渔猫	Felis viverrinus		Ⅱ
云豹	Neofelis nebulosa	Ⅰ	
豹	Panthera pardus	Ⅰ	
虎	Panthera tigris	Ⅰ	
雪豹	Panthera uncia	Ⅰ	
* 鳍足目（所有种）	PINNIPEDIA		Ⅱ
海牛目	SIRENIA		
儒艮科	Dugongidae		
* 儒艮	Dugong dugong	Ⅰ	
鲸目	CETACEA		
喙豚科	Platanistidae		
* 白鱀豚	Lipotes vexillifer	Ⅰ	
海豚科	Delphinidae		
* 中华白海豚	Sousa chinensis	Ⅰ	
* 其他鲸类	（Cetacea）		Ⅱ

续表

中名	学名	保护级别	
		Ⅰ级	Ⅱ级
长鼻目	PROBOSCIDEA		
象科	Elephantidae		
亚洲象	Elephas maximus	Ⅰ	
奇蹄目	PERISSODACTYLA		
马科	Equidae		
蒙古野驴	Equus hemionus	Ⅰ	
西藏野驴	Equus kiang	Ⅰ	
野马	Equus przewalskii	Ⅰ	
偶蹄目	ARTIODACTYLA		
驼科	Camelidae		
野骆驼	Camelus ferus（ = bactrianus）	Ⅰ	
鼷鹿科	Tragulidae		
鼷鹿	Tragulus javanicus	Ⅰ	
麝科	Moschidae		
麝（所有种）	Moschus spp.	Ⅰ	
鹿科	Cervidae		
河麂	Hydropotes inermis		Ⅱ
黑麂	Muntiacus crinifrons	Ⅰ	
白唇鹿	Cervus albirostris	Ⅰ	
马鹿	Cervus elaphus		Ⅱ
（包括白臀鹿）	（C. e. macneilli）		
坡鹿	Cervus eldi	Ⅰ	
梅花鹿	Cervus nippon	Ⅰ	

续表

中名	学名	保护级别	
		Ⅰ级	Ⅱ级
豚鹿	Cervus porcinus	Ⅰ	
水鹿	Cervus unicolor		Ⅱ
麋鹿	Elaphurus davidianus	Ⅰ	
驼鹿	Alces alces		Ⅱ
牛科	Bovidae		
野牛	Bos gaurus	Ⅰ	
野牦牛	Bos mutus（ = grunniens）	Ⅰ	
黄羊	Procapra gutturosa		Ⅱ
普氏原羚	Procapra przewalskii	Ⅰ	
藏原羚	Procapra picticaudata		Ⅱ
鹅喉羚	Gazella subgutturosa		Ⅱ
藏羚	Pantholops hodgsoni	Ⅰ	
高鼻羚羊	Saiga tatarica	Ⅰ	
扭角羚	Budorcas taxicolor	Ⅰ	
鬣羚	Capricornis sumatraensis		Ⅱ
台湾鬣羚	Capricornis crispus	Ⅰ	
赤斑羚	Naemorhedus cranbrooki	Ⅰ	
斑羚	Naemorhedus goral		Ⅱ
塔尔羊	Hemitragus jemlahicus	Ⅰ	
北山羊	Capra ibex	Ⅰ	
岩羊	Pseudois nayaur		Ⅱ
盘羊	Ovis ammon		Ⅱ
兔形目	LAGOMORPHA		

续表

中名	学名	保护级别	
		Ⅰ级	Ⅱ级
兔科	Leporidae		
海南兔	Lepus peguensis hainanus		Ⅱ
雪兔	Lepus timidus		Ⅱ
塔尔木兔	Lepus yarkandensis		Ⅱ
啮齿目	RODENTIA		
松鼠科	Sciuridae		
巨松鼠	Ratufa bicolor		Ⅱ
河狸科	Castoridae		
河狸	Castor fiber		
鸊鷉目	PODICIPEDIFORMES		
鸊鷉科	Podicipedidae		
角鸊鷉	Podiceps auritus		Ⅱ
赤颈鸊鷉	Podiceps grisegena		Ⅱ
鹱形目	PROCELLARIIFORMES		
信天翁科	Diomedeidae		
短尾信天翁	Diomedea albatrus	Ⅰ	
鹈形目	PELECANIFORMES		
鹈鹕科	Pelecanidae		
鹈鹕（所有种）	Pelecanus spp.		Ⅱ
鲣鸟科	Sulidae		
鲣鸟（所有种）	Sula spp.		Ⅱ
鸬鹚科	Phalacrocoracidae		
海鸬鹚	Phalacrocorax pelagicus		Ⅱ

续表

中名	学名	保护级别	
		Ⅰ级	Ⅱ级
鸟纲　AVES			
黑颈鸬鹚	Phalacrocorax niger		Ⅱ
军舰鸟科	Fregatidae		
白腹军舰鸟	Fregata andrewsi	Ⅰ	
鹳形目	CICONIIFORMES		
鹭科	Ardeidae		
黄嘴白鹭	Egretta eulophotes		Ⅱ
岩鹭	Egretta sacra		Ⅱ
海南虎斑鳽	Gorsachius magnificus		Ⅱ
小苇鳽	Ixbrychus minutus		Ⅱ
鹳科	Ciconiidae		
彩鹳	Ibis leucocephalus		Ⅱ
白鹳	Ciconia ciconia	Ⅰ	
黑鹳	Ciconia nigra	Ⅰ	
鹮科	Threskiornithidae		
白鹮	Threskiornis aethiopicus		Ⅱ
黑鹮	Pseudibis papillosa		Ⅱ
朱鹮	Nipponia nippon	Ⅰ	
彩鹮	Plegadis falcinellus		Ⅱ
白琵鹭	Platalea leucorodia		Ⅱ
黑脸琵鹭	Platalea minor		Ⅱ
雁形目	ANSERIFORMES		
鸭科	Anatidae		

续表

中名	学名	保护级别	
		Ⅰ级	Ⅱ级
红胸黑雁	Branta ruficollis		Ⅱ
白额雁	Anser albifrons		Ⅱ
天鹅（所有种）	Cygnus spp.		Ⅱ
鸳鸯	Aix galericulata		Ⅱ
中华秋沙鸭	Mergus squamatus	Ⅰ	
隼形目	FALCONIFORMES		
鹰科	Accipitridae		
金雕	Aquila chrysaetos	Ⅰ	
白肩雕	Aquila heliaca	Ⅰ	
玉带海雕	Haliaeetus leucoryphus	Ⅰ	
白尾海雕	Haliaeetus albcilla	Ⅰ	
虎头海雕	Haliaeetus pelagicus	Ⅰ	
拟兀鹫	Pseudogyps bengalensis	Ⅰ	
胡兀鹫	Gypaetus barbatus	Ⅰ	
其他鹰类	(Accipitridae)		Ⅱ
隼科（所有种）	Falconidae		Ⅱ
鸡形目	GALLIFORMES		
松鸡科	Tetraonidae		
细嘴松鸡	Tetrao parvirostris	Ⅰ	
黑琴鸡	Lyrurus tetrix		Ⅱ
柳雷鸟	Lagopus lagopus		Ⅱ
岩雷鸟	Lagopus mutus		Ⅱ
镰翅鸟	Falcipennis falcipennis		Ⅱ

续表

中名	学名	保护级别	
		Ⅰ级	Ⅱ级
花尾榛鸡	Tetrastes bonasia		Ⅱ
斑尾榛鸡	Tetrastes sewerzowi	Ⅰ	
雉科	Phasianidae		
雪鸡（所有种）	Tetraogallus spp.		Ⅱ
雉鹑	Tetraophasis obscurus	Ⅰ	
四川山鹧鸪	Arborophila rufipectus	Ⅰ	
海南山鹧鸪	Arborophila ardens	Ⅰ	
血雉	Ithaginis cruentus		Ⅱ
黑头角雉	Tragopan melanocephalus	Ⅰ	
红胸角雉	Tragopan satyra	Ⅰ	
灰腹角雉	Tragopan blythii	Ⅰ	
红腹角雉	Tragopan temminckii		Ⅱ
黄腹角雉	Tragopan caboti	Ⅰ	
虹雉（所有种）	Lophophorus spp.	Ⅰ	
藏马鸡	Crossoptilon crossoptilon		Ⅱ
蓝马鸡	Crossoptilon aurtun		Ⅱ
褐马鸡	Crossoptilon mantchuricum	Ⅰ	
黑鹇	Lophura leucomelana		Ⅱ
白鹇	Lophura nycthemera		Ⅱ
蓝鹇	Lophura swinhoii	Ⅰ	
原鸡	Gallus gallus		Ⅱ
勺鸡	Pucrasia macrolopha		Ⅱ
黑颈长尾雉	Syrmaticus humiae	Ⅰ	

续表

中名	学名	保护级别	
		Ⅰ级	Ⅱ级
白冠长尾雉	Syrmaticus reevesii		Ⅱ
白颈长尾雉	Syrmaticus ewllioti	Ⅰ	
黑长尾雉	Syrmaticus mikado	Ⅰ	
锦鸡（所有种）	Chrysolophus spp.		Ⅱ
孔雀雉	Polyplectron bicalcaratum	Ⅰ	
绿孔雀	Pavo muticus	Ⅰ	
鹤形目	GRUIFORMES		
鹤科	Gruidae		
灰鹤	Grus grus		Ⅱ
黑颈鹤	Grus nigricollis	Ⅰ	
白头鹤	Grus monacha	Ⅰ	
沙丘鹤	Grus canadensis		Ⅱ
丹顶鹤	Grus japonensis	Ⅰ	
白枕鹤	Grus vipio		Ⅱ
白鹤	Grus leucogeranus	Ⅰ	
赤颈鹤	Grus antigone	Ⅰ	
蓑羽鹤	Anthropoides virgo		Ⅱ
秧鸡科	Rallidae		
长脚秧鸡	Crex crex		Ⅱ
姬田鸡	Porzana parva		Ⅱ
棕背田鸡	Porzana bicolor		Ⅱ
花田鸡	Coturnicops noveboracensis		Ⅱ
鸨科	Otidae		

续表

中名	学名	保护级别	
		Ⅰ级	Ⅱ级
鸨（所有种）	Otis spp.	Ⅰ	
鸻形目	CHARADRIIFORMES		
雉鸻科	Jacanidae		
铜翅水雉	Metopidius indicus		Ⅱ
鹬科	Soolopacidae		
小勺鹬	Numenius borealis		Ⅱ
小青脚鹬	Tringa guttifer		Ⅱ
燕鸻科	Glareolidae		
灰燕鸻	Glareola lactea		Ⅱ
鸥形目	LARIFORMES		
鸥科	Laridae		
遗鸥	Larus relictus	Ⅰ	
小鸥	Larus minutus		Ⅱ
黑浮鸥	Chlidonias niger		Ⅱ
黄嘴河燕鸥	Sterna aurantia		Ⅱ
黑嘴端凤头燕鸥	Thalasseus zimmermanni		Ⅱ
鸽形目	COLUMBIFORMES		
沙鸡科	Pteroclididae		
黑腹沙鸡	Pterocles orientalis		Ⅱ
鸠鸽科	Columbidae		
绿鸠（所有种）	Treron spp.		Ⅱ
黑颏果鸠	Ptilinopus leclancheri		Ⅱ
皇鸠（所有种）	Ducula spp.		Ⅱ

续表

中名	学名	保护级别	
		Ⅰ级	Ⅱ级
斑尾林鸽	Columba palumbus		Ⅱ
鹃鸠（所有种）	Macropygia spp.		Ⅱ
鹦形目	PSITTACIFORMES		
鹦鹉科（所有种）	Psittacidae		Ⅱ
鹃形目	CUCULIFORMES		
杜鹃科	Cuculidae		
鸦鹃（所有种）	Centropus spp.		Ⅱ
鸮形目（所有种）	STRIGIFORMES		Ⅱ
雨燕目	APODIFORMES		
雨燕科	Apodidae		
灰喉针尾雨燕	Hirundapus cochinchinensis		Ⅱ
凤头雨燕科	Hemiprocnidae		
凤头雨燕	Hemiprocne longipennis		Ⅱ
咬鹃目	TROGONIFORMES		
咬鹃科	Trogonidae		
橙胸咬鹃	Harpactes oreskios		Ⅱ
佛法僧目	CORACIIFORMES		
翠鸟科	Alcedinidae		
蓝耳翠鸟	Alcedo meninting		Ⅱ
鹳嘴翠鸟	Pelargopsis capensis		Ⅱ
蜂虎科	Meropidae		
黑胸蜂虎	Merops leschenaulti		Ⅱ
绿喉蜂虎	Merops orientalis		Ⅱ

续表

中名	学名	保护级别	
		Ⅰ级	Ⅱ级
犀鸟科（所有种）	Bucertidae		Ⅱ
鴷形目	PICIFORMES		
啄木鸟科	Picidae		
白腹黑啄木鸟	Dryocopus javensis		Ⅱ
雀形目	PASSERIFORMES		
阔嘴鸟科（所有种）	Eurylaimidae		Ⅱ
八色鸫科（所有种）	Pittidae		Ⅱ
爬行纲　REPTILIA			
龟鳖目	TESTUDOFORMES		
龟科	Emydidae		
*地龟	Geoemyda spengleri		Ⅱ
*三线闭壳龟	Cuora trifasciata		Ⅱ
*云南闭壳龟	Cuora yunnanensis		Ⅱ
陆龟科	Testudinidae		
四爪陆龟	Testudo horsfieldi	Ⅰ	
凹甲陆龟	Manouria impressa		Ⅱ
海龟科	Cheloniidae		
*蠵龟	Caretta caretta		Ⅱ
*绿海龟	Chelonia mydas		Ⅱ
*玳瑁	Eretmochelys imbricata		Ⅱ
*太平洋丽龟	Lepidochelys olivacea		Ⅱ
棱皮龟科	Dermochelyidae		
*棱皮龟	Dermochelys coriacea		Ⅱ

续表

中名	学名	保护级别	
		Ⅰ级	Ⅱ级
鳖科	Trionychidae		
* 鼋	Pelochelys bibroni	Ⅰ	
* 山瑞鳖	Trionyx steindachneri		Ⅱ
蜥蜴目	LACERTIFORMES		
壁虎科	Gekkonidae		
大壁虎	Gekko gecko		Ⅱ
鳄蜥科	Shinisauridae		
蜥鳄	Shinisaurus crocodilurus	Ⅰ	
巨蜥科	Varanidae		
巨蜥	Varanus salvator	Ⅰ	
蛇目	SERPENTIFORMES		
蟒科	Boidae		
蟒	Python molurus	Ⅰ	
鳄目	CROCODILIFORMES		
鼍科	Alligatoridae		
扬子鳄	Alligator sinensis	Ⅰ	
两栖纲　AMPHIBIA			
有尾目	CAUDATA		
隐鳃鲵科	Cryptobranchidae		
* 大鲵	Andrias davidianus		Ⅱ
蝾螈科	Salamandridae		
* 细痣疣螈	Tylototriton asperrimus		Ⅱ
* 镇海疣螈	Tylototriton chinhaiensis		Ⅱ

续表

中名	学名	保护级别	
		Ⅰ级	Ⅱ级
* 贵州疣螈	Tylototriton kweichowensis		Ⅱ
* 大凉疣螈	Tylototriton taliangensis		Ⅱ
* 细瘰疣螈	Tylototriton verrucosus		Ⅱ
无尾目	ANURA		
蛙科	Ranidae		
虎纹蛙	Rana tigrina		Ⅱ
鱼纲　PISCES			
鲈形目	PERCIFORMES		
石首鱼科	Sciaenidae		
* 黄唇鱼	Bahaba flavolabiata		Ⅱ
杜父鱼科	Cottidae		
* 松江鲈鱼	Trachidermus fasciatus		Ⅱ
海龙鱼目	SYNGNATHIFORMES		
海龙鱼科	Syngnathidae		
* 克氏海马鱼	Hippocampus kelloggi		Ⅱ
鲤形日	CYPRINIFORMES		
胭脂鱼科	Catostomidae		
* 胭脂鱼	Myxocyprinus asiaticus		Ⅱ
鲤科	Cyprinidae		
* 唐鱼	Tanichthys albonubes		Ⅱ
* 大头鲤	Cyprinus pellegrini		Ⅱ
* 金钱鲃	Sinocyclocheilus grahami grahami		Ⅱ
* 新疆大头鱼	Aspiorhynchus laticeps	Ⅰ	

续表

中名	学名	保护级别	
		Ⅰ级	Ⅱ级
＊大理裂腹鱼	Schizothorax taliensis		Ⅱ
鳗鲡目	ANGUILLIFORMES		
鳗鲡科	Anguillidae		
＊花鳗鲡	Anguilla marmorata		Ⅱ
鲑形目	SALMONIFORMES		
鲑科	Salmonidae		
＊川陕哲罗鲑	Hucho bleekeri		Ⅱ
＊秦岭细鳞鲑	Brachymystax lenok tsinlingensis		Ⅱ
鲟形目	ACIPENSERIFORMES		
鲟科	Acipenseridae		
＊中华鲟	Acipenser sinensis	Ⅰ	
＊达氏鲟	Acipenser dabryanus	Ⅰ	
匙吻鲟科	Polyodontidae		
＊白鲟	Psephurus gladius	Ⅰ	
文昌鱼纲　APPENDICULARIA			
文昌鱼目	AMPHIOXIFORMES		
文昌鱼科	Branchiostomatidae		
＊文昌鱼	Branchiotoma belcheri		Ⅱ
珊瑚纲　ANTHOZOA			
柳珊瑚目	GORGONACEA		
红珊瑚科	Coralliidae		
＊红珊瑚	Corallium spp.	Ⅰ	
腹足纲　GASTROPODA			

续表

中名	学名	保护级别	
		Ⅰ级	Ⅱ级
中腹足目	MESOGASTROPODA		
宝贝科	Cypraeidae		
* 虎斑宝贝	Cypraea tigris		Ⅱ
冠螺科	Cassididae		
* 冠螺	Cassis cornuta		Ⅱ
瓣鳃纲　LAMELLIBRANCHIA			
异柱目	ANISOMYARIA		
珍珠贝科	Pteriidae		
* 大珠母贝	Pinctada maxima		Ⅱ
真瓣鳃目	EULAMELLIBRANCHIA		
砗磲科	Tridacnidae		
* 库氏砗磲	Tridacna cookiana	Ⅰ	
蚌科	Unionidae		
* 佛耳丽蚌	Lamprotula mansuyi		Ⅱ
头足纲　CEPHALOPODA			
四鳃目	TETRABRANCHIA		
鹦鹉螺科	Nautilidae		
* 鹦鹉螺	Nautilus pompilius	Ⅰ	
昆虫纲　INSECTA			
双尾目	DIPLURA		
（虫夹）（虫八）科	Japygidae		
伟（虫夹）（虫八）	Atlasjapyx atlas		Ⅱ
蜻蜓目	ODONATA		

续表

中名	学名	保护级别	
		Ⅰ级	Ⅱ级
箭蜓科	Gomphidae		
尖板曦箭蜓	Heliogomphus retroflexus		Ⅱ
宽纹北箭蜓	Ophiogomphus spinicorne		Ⅱ
缺翅目	ZORAPTERA		
缺翅虫科	Zorotypidae		
中华缺翅虫	Zorotypus sinensis		Ⅱ
墨脱缺翅虫	Zorotypus medoensis		Ⅱ
蛩蠊目	GRYLLOBLATTODAE		
蛩蠊科	Grylloblattidae		
中华蛩蠊	Galloisiana sinensis	Ⅰ	
鞘翅目	COLEOPTERA		
步甲科	Carabidae		
拉步甲	Carabus（Coptolabrus）lafossei		Ⅱ
硕步甲	Carabus（Apotopterus）davidi		Ⅱ
臂金龟科	Euchiridae		
彩臂金龟（所有种）	Cheirotonus spp.		Ⅱ
犀金龟科	Dynastidae		
叉犀金龟	Allomyrina davidis		Ⅱ
鳞翅目	LEPIDOPTERA		
凤蝶科	Papilionidae		
金斑喙凤蝶	Teinopalpus aureus	Ⅰ	
双尾褐凤蝶	Bhutanitis mansfieldi		Ⅱ
三尾褐凤蝶	Bhutanitis thaidina dongchuanensis		Ⅱ

续表

中名	学名	保护级别	
		Ⅰ级	Ⅱ级
中华虎凤蝶	Luehdorfia chinensis huashanensis		Ⅱ
绢蝶科	Parnassidae		
阿波罗绢蝶	Parnassius apollo		Ⅱ
肠鳃纲　ENTEROPNEUSTA			
柱头虫科	Balanoglossidae		
* 多鳃孔舌形虫	Glossobalanus polybranchioporus	Ⅰ	
玉钩虫科	Harrimaniidae		
* 黄岛长吻虫	Saccoglossus hwangtauensis	Ⅰ	

注：标“*”者，由渔业行政主管部门主管；未标“*”者，由林业行政主管部门主管。

后　记

为适应森林资源资产价格评估行业发展需要，提高森林资源资产价格评估专业人员的业务水平和行为能力，开展森林资源资产价格评估专业人员资格认证工作，根据国家发展和改革委员会价格认证中心的要求，我们编写了《森林资源资产概论》，作为森林资源资产价格评估专业人员资格认证培训教材之一。

本书由黑龙江省价格认证中心具体组织编写，主编张德刚教授（东北林业大学经济管理学院），执行主编张杰（黑龙江省价格认证中心），副主编白世秀（东北林业大学经济管理学院）、刘元直（内蒙古蒙林森林资源资产评估有限公司）、赵全义（内蒙古蒙森森林资源资产评估有限公司），史芳芳（东北林业大学管理学院）、张秋虹等参加了本书的编写，刘元直、赵全义、王海涛对本书作了最后统纂。

在本书编写过程中，我们得到了杨向群、柴恒忠、杨美荣、王文祥、张惠良、朱桂香、王正军、张杰、吴平、李秋燕、王海涛等领导和专家的具体指导，得到了辽宁、吉林、内蒙古、北京市等省、自治区、直辖市价格认证中心的大力支持与帮助，在此一并表示衷心的感谢。

《森林资源资产概论》涵盖很多学科，涉及很多方面的专业知识，由于编写时间紧，书中难免存在诸多不足，敬请读者批评指正。

本书编委会

2012 年10 月